ワーキングマザーで行こう！

子どもが伸びる、自分も輝く生き方のススメ

原田諭

みらいPUBLISHING

はじめに　―「ワーママ」のすすめ―

子どもをこの手に抱いたその日から、お母さんとしての幸せはもちろん、大変さも苦しみも倍増し、それ以前と比べて、何倍も密度の濃い人生を送っている皆さん。私もそのひとりです。

子育てに関して、男女平等が叫ばれる昨今ではありますが、なかなか理想と現実の間が埋まらないのは、皆さんも感じる通りかと思います。

家事育児に負担が大きいお母さんが、そのうえ仕事もするというのは、「いったい誰のため？　何のために仕事までしなきゃならないの？」と思われるかもしれません。

でもそれは、子どものためであり、家族のためであり、実は巡り巡ってお母さん、あなた自身の将来のためでもあるのです。

きちんと自立し、自分の定めた目標に向かって努力をする、そんな子どもに育てたい。それはきっと、全お母さん共通の思いです。そのためには、それに近づくように育てるには、どうしたらいいのか――？

あふれる情報、ハウツー本は山のようにあり、インターネットでは日々色々な人がアドバイス記事を書いています。どれももっともだし、そんな風にできたら苦労しないわ……と思いながら、それでもどこかに、我が家に合った、我が子に合った情報があるはず、と検索しまくる毎日を過ごすお母さんたち。

そして、仕事をすることに興味はあるけれど……。
ブランクのある私が、今さら仕事をするなんて、自信がない。
他の人の足手まといになってしまうのではないかしら？
私が仕事をしたら、家の中がぐちゃぐちゃになってしまう。
子どもに寂しい思いをさせてしまうのではないかしら？

とにかく、仕事をするなんて、ハードルが高過ぎる！

そう思っている、世のお母さんたちの背中を押したい、そんな思いからこの本が生まれました。

お母さんこそ、仕事をすべきだと思うからです。

子どもが生まれた当初、私は仕事をセーブしていました。その後、フルタイムどころか、社長業をやることになった私の、仕事をするモチベーションは子どもの存在です。

我が子たちに恥ずかしくない社会人でいよう。
我が子たちが大人になるのが楽しみなような大人になろう。
我が子たちから尊敬される仕事人になろう。

我が子たちと対等に話し合える親であろう。
我が子たちから相談される存在であろう。

常にそんな風に考えながら生きてきた気がします。

子どもは成長し、やがて親元を離れていきます。いつまでも親を頼り、世話を焼かせるようではいけません。また、それに伴って、親も成長し、子どもから離れるときがくるのです。

それまでに、子どもにできること、子どもに見せる姿、子どもにとっての存在感。それらをどのようにしていったらいいのか？　そんなことを考えたことがあるでしょうか？

お母さんが仕事を持つこと。それは様々なことをもたらします。短期的に見るとよいことばかりではないかもしれません。
でも、その新しい風は、あなたの家族のよい変化につながります。きっと家族それぞれが、自分を含めての家族の在り方を、見つめなおすきっかけになるに違いありません。

子どもは本当に大事。家族ももちろん大事。そして、自分自身も大事にしていいのです。

お母さん、お父さん、お祖母ちゃん、お祖父ちゃん、大人がそれぞれを認め合い、労わり合い、協力し合う家族。その中で育つ子ども。そんな子どもたちが、よく育たないわけがない、と思うのです。

それには、お母さんも仕事をしましょう。
少しずつでよいのです。いきなりバリキャリ（バリバリ働くキャリアウーマン）になる必要は全くありません。何かを犠牲にする必要もありません。
でも、家庭の他にも自分の居場所、役割、を持つのはとても大切です。

そして、仕事をするのに、お母さんであることが、お母さんとしてやってきたことが、意外にも役に立つことが多いのですよ。

自信を持って！

私は人材サービス会社を経営する立場から、たくさんの働くお母さんたちを見てきました。
そして、男女ふたりの子どもを育てる過程で、色々なお母さんと知り合い、一緒にPTA活動をしたり、お互いの子育て相談をしたり受けたりもしました。
母親としての様々な経験が、仕事だけでは得られない経験として仕事にも生きることを実感しています。
また、マザーカレッジ（現在は「サイタコーチングスクール」に改称）という子育てコーチングを学んだときは、子どもとは直接関係なく、子育てをするたくさんのお母さんたちと知り合い、学び合いました。

そんな中で、感じたこと、温めてきた思い、メッセージをこの本に詰め込みました。

ページをめくって読んでいただけたら、こんな幸せなことはありません。


お母さん就労支援コンシェルジュ　原田諭貴子

第2章

小さい一歩から始めよう！

第３章

困ったときの救急箱

自信を持って！【就職活動編】

第4章

困ったときの救急箱　主婦のスキルで十分！【就職後編】

第5章

組織で働くだけが仕事じゃない

第6章

働くお母さんの楽しみ

第7章

子どもに背中を見せるのは父親だけではない

第8章

お金を稼ぐと見えること

第9章

自分自身の未来のために

第10章

第一歩を踏み出すために

本文イラスト／原田愛子

第１章

働くお母さんにはいいことがいっぱい

仕事をする？　しない？　正解は仕事をすること!!

出産したそのときから、いいえ、お腹に小さな命を授かったそのときから、私たちは母親として生きてきました。そして、そのときから、私たちの生活、思考、行動、そのほとんどの基準が、子どものため、子どもがよりよく成長するためにはどうしたらいいのか、という点に集約されてきたのではないでしょうか。それは恐らく、この先も変わることはありません。

子どもがよりよく成長するためには、お母さんである私たちもまた、よりよく成長する必要があります。

なぜなら、善しにつけ、悪しきにつけ、子どもが最も影響を受けるのは、お母さんだからです。

仕事をしているお母さん、専業主婦のお母さん、どちらが子どもにとって「よい母親」だと思いますか？　私は圧倒的に仕事を持っているお母さんだと思うのです。極端なことを言えば、専業主婦という言葉そのものがそのうちなくなっていくのではないかとさえ思っています。言葉がなくなるということはその存在がなくなるということ。つまり、専業主婦というものは、子どもたちの世代から見たらもう「死語」になっている、と予言させてもらいましょう。

ＡＩやＩｏＴが発達し、身近になる、そうなると従来の仕事がなくなるのではないか⁉　と危惧する人もいます。でもそれで、家事も減り、主婦の仕事と思われているものがなくなるのだと思うのです。誰しもが自分にしかできないことに時間を使い、生活をする、そんな時代はもうすぐそこまできているのです。

教育現場がアクティブ・ラーニングになっているワケ

アクティブ・ラーニングという言葉を聞いたことがあるかと思います。

覚えるだけの暗記学習では、この先のグローバル社会、デジタル社会で生きていくことができなくなる、との観点から、2012年から「能動的な学習＝アクティブ・ラーニング」が取り入れられています。それによって、授業内容も、入学試験も、我々親世代が経験したものとは様変わりしているのです。

では、親として、どうしたらそのような子どもたちの学習の進みを後押ししてあげられるでしょうか。それは、やはり親も「今の社会を生きる」ことがいちばん大切だと思うのです。

知識をただ詰め込もうとする教育の時代は、幕を閉じました。これからは、親世代も率先して社会と関わる姿を見せること、それには、父親だけではなく、母親も同等に仕事をすることが、とても重要な前提条件になるのです。

母親の役割は仕事を持つことで変わる

その昔、母親は「世話をする人」でした。

子どもの世話だけでなく、父親である夫の世話、老親の世話、ペットの世話。そのほとんどを担ってきた、というお母さんも少なくないでしょう。

自分で自分のことができない乳幼児ならともかく、子どもが成長しても、手取り足取り世話をすることは、本当の愛情ではないことは、今やどんな母親でも頭ではわかっているはずです。それでも、朝は時間がないから、とか、受験勉強で大変そうだから、とか、私がやった方が早いから、という理由で、なんやかやと世話を焼いてしまう。そんな母親のなんと多いことか。

100歩譲って、夫はもう出来上がってしまった人間なので、あなたが嫌でなければ、世話を続けることはしかたないかもしれません。でも本来は、父親が母親に世話を焼かれているのを見せるのも、子どもの成長のためによいと言うことはできないのです。

自分のことは自分でする、それは一人前の人間として、社会人として、最低限のことなのです。

ですから、母親の役目とは、家族の世話をすることではありません。家族に自分のことを自分でやる機会を与え、習慣づけるためにも、母親であるあなたは仕事をするべきなのです。

自分のことを自分ですることに慣れ、忙しいお母さんに代わって家のことをする習慣がついた子どもは、やがて自然に他の家族のことにも気を配れるようになり、思いやり深く、思慮深い人間に成長することでしょう。

家事参加する子どもは伸びる

「お世話をしてくれる」お母さんは消え、「社会で活躍する」お母さんが生まれます。すると、家事の分担はおのずとお母さん以外の家族に振り分けられるようになります。

最初は、お母さんであるあなたがやるよりも時間もかかり、完成度も格段に低いものとなります。それはしかたありません。

それに、「どうやるの？」「これでいいの？」などと、もしかしたら職場にまでLINEが飛んでくるかもしれません。

そんなとき、どうしますか？

・根気強く指導し、できるようになるのを手助けする。

・失敗しても気にしないように伝え、自分でなんとかできるように、敢えて手出しも口出しも極力しない。

——あなたはどちらでしょうか。

私はどちらでもいいと思うのです。その家族の、今までの背景もあるでしょうし、何よりあなたの性格によります。

早く、正確にできるようになってほしければ前者。でもこの場合は、次も教えてもらえると期待されてしまうので、教えながら次は自分で考えるように促すといいでしょう。

後者の場合は時間がかかるかもしれませんし、失敗してしまうことも多いでしょう。それは覚悟しなければなりません。でも、いったん口出しをしないと決めたら、失敗しても怒ったり、注意しないようにしましょう。「お母さんも失敗することあるのよ」と伝え、次はきっとできる、と励ますことが大切です。

できるだけあなたのいないときに取り組んでくれるようにするといいですね。見ている前でやられると、どうしても口出ししたくなってしまいますから。

このように家事に参加することも子どもにとってはとても大事な学習であり、成長の機会になるのです。

ただし、このどちらかで決めたらブレないこと。その時々でお母さんが態度を変えてしまうと家族は混乱します。そこはバシッと決めましょう。

みんなで家庭を運営することで、子どもの自主性が育つ

「家庭」は社会の最小単位のコミュニティです。この家庭を家族全員で支え、育てていくのはいわば当然の話。でも現実は母親であるあなたがあれもこれも背負っていませんか？　無理をして、家族の犠牲になっている、と思ったことはありませんか？

それをあなたが仕事をすることによって、家族全員で作るものに変えていくのです。誰かひとりの負担が大きくなるなんて、本当は家族とは言えないのです。

何度も言いますが、家事の分担は、必ず子どもを成長させます。これは間違いありません。それと同時に、夫の参加も促せるといいですね。夫はもしかすると子どもよりも手強いかもしれません。特に、夫のお母さんは専業主婦であったなら、母親が家のことを一手に背負うのは「当たり前」だという「彼にとっての常識」にとらわれています。彼にとって家事を分担するのは「仕事」が増えることに外ならず、「やってやっている」「手伝ってやっている」という概念を覆すのが容易ではないのです。でも、ここがふんばりどころです。子どもの成長のついでに、夫も成長させてあげましょう。そうでないと子どもにとってお父さんは家族ではなくなってしまいます。

家族は、誰も特別なのではなく、家族全員が等しくコミュニティを運営する、そんな「新しい常識」を、ぜひ夫にも身につけてほしいですね。

「お母さんはすげー」と思わせる↓思春期・反抗期に効果的

いわゆる「反抗期」は程度の大小はあれど、子どもが必ず通る時期です。自我が芽生え、親の言うことに反発したくなるときです。この時期があることで大人へと精神的成長を遂げるとも言われ、大切な時期なのです。

しかし、親、特に母親から見ると、今まで自分の庇護の下にいるとばかり思っていた子どもが、反発してくるのに相対するのはとても辛いものです。そんなとき、母親が仕事に一所懸命に取り組む姿を見せることで、反発するだけでなく、大人になりかけの視点で少し違う母親の姿を見つけることでしょう。そして、

「お母さんすげーじゃん！」

となれば、反抗する気持ちもひと休みするってものです。仕事をし、家庭だけでなく社会にもその立ち位置を持っている母親、子どもがあなたを見る目は、今まで

と少し違ってくるのです。

家計が潤うから、子どもに挑戦をさせてあげられる

ひとりの子どもにかかる教育費用がどれくらいかかるのか、少し細かい資料がありましたので、参考にしていただきたいと思います。（幼稚園から大学まで。2020年4月17日公開　ユーキャンWeb記事より）

オール国公立コース　約750万円
大学のみ私立文系コース　約900万円
高校から私立、大学は私立文系コース　約1060万円

中学から私立、大学は私立理系コース　約１４３０万円
小学校から私立、大学は私立理系コース　約２１３０万円

この他に習いごと、塾、留学、進学先が医学部などになると更に上昇。天井知らずと言ってもいいでしょう。

子どもの夢を、費用面で諦めさせたいと思う親がどこにいるでしょうか。少しでも子どもの才能や夢のための可能性を広げてあげたい、と思うのが親心というもの。そんなときにも、あなたが仕事をしていることが子どもの応援になります。
たとえば、子どもが進学先に私立学校を希望したとします。夫は頭ごなしに公立でいい、と取り合わない。でもあなたは、できるなら子どもの希望をかなえてやりたい。せめて受験はさせてやりたい。そんなとき、あなたに収入があれば、子どもが、挑戦もしないうちに諦めてしまう、ということがなくなるかもしれないのです。

仕事をして収入を得ているということで、子どもの挑戦のバックアップをしてあげることができる。あなたに収入があるということは、子どもにとって大きなプラスとなるのです。

第２章

小さい一歩から始めよう！

まずは「マザーズハローワーク」に行ってみよう

「マザーズハローワーク」という機関があるのをご存じでしょうか。

ハローワークは言うまでもなく公共職業安定所の通称です。一方マザーズハローワークでは、子育てをしながら、就職を希望している人に特化したサービスを行っています。

たとえばキッズコーナーの設置など、子ども連れで来所しやすい環境が整備されています。予約担当者制による職業相談の他、地方公共団体等との連携による保育所等の情報提供や、仕事と子育ての両立がしやすい求人情報の提供など、総合的で一貫した就職支援を行っています。しかも利用料は一切無料です。

マザーズハローワークの利用者は、仕事と子育ての両立を目指す求職者です。「マザーズ」という名称ですが男女問わず利用可能で、子育てしながら就職したい人や、今後の再就職に向けて情報収集をしたい人などが、広く利用できます。

マザーズハローワークは全国に21カ所、ハローワークのマザーズコーナーは全国に１８３カ所【令和2年9月21日現在】があり、広いスペースでベビーカーでもゆったりと訪れることができます。

初めて訪れるときも係員の方が声をかけてくれたり、それほど待つことなく相談ができるところが多いようです。子育てに理解のある職場の検索や、仕事復帰の個別相談などが受けられますし、公的機関ですから求人内容も安心です。

求人内容は多岐にわたっていて、雇用形態も正社員だけではありません。派遣やパート、自分に合ったものが選べます。

また、ハローワークの担当者の中にはキャリアコンサルタントという国家資格を持っている人がいます。就業や雇用に関する法律的な知識や、カウンセリングができるスキルを持っていますので、仕事に関する悩みや、ワークライフ・バランスの相談にも乗ってくれるでしょう。

私もキャリアコンサルタントの資格を持っていますが、資格取得に向けて勉強をしたときのクラスメイトに、こんな人がいました。ハローワークでお世話になったキャリアコンサルタントがとても親身になってくれたのに感動し、自分も資格を取って、同じように就業に迷っている人の力になりたい、そのために資格を取る、というのです。それほどの影響力を持つというのは素敵なことだな、と思います。

どんな仕事があって、どれくらいのお金がもらえるのか

それでは、具体的にどんな仕事があるのでしょうか。

あなたは学校を卒業するときに就職活動をしましたか？　した人ならわかると思いますが、そのときから何年経っていますか？。

業種も職種も多種多様。しかも、就活をしてからどれくらい時間が経っているかによって、業種の浮き沈みに違いがあるでしょう。もしかしたら、あなたが就活し

たときには花形だった業種が今は元気がなかったり、そのときはまだ影も形もなかった業種が、今や、ぐんぐんと伸びてきていることもあるかもしれません。それもキャリアコンサルタントに聞いてみるとよいでしょう。

職種も様々です。あなたが普段、お客様として接するような接客業にも色々とありますが、裏方の仕事はその何倍もあります。また、近年女性に人気の「事務」ですが、ひと言で事務職と言っても営業事務、総務事務、経理事務、人事勤労事務、データ入力や受付事務など、多くの種類があります。

選ぶときにあまり細かく決めてしまわないで、大枠から入っていく方がいいかと思います。

また、お給料はいくらもらえるのか。気になるところだとは思いますが、これは地方によって、また業種職種、雇用形態によっても差があるところです。

ただ、高ければよいというものではなく、給与の高さにひかれて入社してみたらブラック企業で人材の定着率が悪く、募集時の給与を高くしなければ応募がない、というこどもよくあります。このようなことから、給与の金額だけで選ぶことは、とても危険なことだと言ってもいいでしょう。

仕事を選ぶ際の条件についてはあとでまた述べますね。

ハローワークだけが求人媒体ではない

今はどちらかと言えばハローワークよりもインターネットを使った求人募集の方がメジャーといえるかもしれません（ハローワークもインターネットバージョンがありますが）。

「♪仕事探しはIndeed」というCMもすっかりお馴染みになりました。それからインターネットで検索することを「ググる」と言う人も多いですが、仕事探しもGoogleでできます。「Googleしごと検索」がそれです。それから「求人ボックス」という検索サイトもあります。この三つに共通するのは特定の企業のものではなく、インターネット上にある多くの求人情報を、幅広く検索できるというところです。

「検索エンジン」と聞いてピンときますか? そう、言葉の意味がわからなかったり、料理のレシピを調べたりするとき、Google や Yahoo! で検索するのはもう小学生でもやりますよね。この検索できるシステムを検索エンジンと言いますが、Indeed、Google しごと検索、求人ボックスは、仕事を探すときの検索エンジンなのです。

インターネットという、最強の味方がこんなに身近にあるこの時代なのですから、利用しない手はありません。しかも無料ですし、家にいながらにして何十何百という仕事の条件が閲覧できるのです。スマホに対応しているサイトもたくさんあります。こんな素晴らしい時代に生きているのですから、どんどん使って、役立てるようにしましょう!

インターネットで仕事を探すコツ

そうは言っても、インターネットで仕事を探すことのデメリットもいくつかあります。案件が多過ぎることや、相談する人がいないことなどです。

これらの対処方法について少しお話ししましょう。

案件が多過ぎる件については、条件をできるだけ絞ることです。ただ、先ほども言いましたが、お給料の金額だけで絞ってしまうことは危険です。

金額は最後に絞ることにして、その前に場所、アクセス、職種、勤務時間、会社の規模、などを絞っていきましょう。あなたがどれに重きを置くかによりますが、お子さんを育てながらのお仕事ということを考えるとまずは勤務時間、あるいは勤務場所ではないでしょうか。

勤務場所について、まず特筆すべきはなんと言っても在宅ワークの増加です。近年注目されてはいましたが、2020年の新型コロナウイルス感染症の影響で、在宅ワークは飛躍的に増えました。在籍社員が在宅勤務にシフトするのももちろん増えていますが、新しく仕事をするという選択肢の中にも在宅ワークが多くなりました。富士通や電通がオフィスの規模を小さくしたり、人材サービスのパソナが淡路島に移転したりと、在宅ワークの社員が増え、出社勤務する社員が減り、オフィス面積が広いことや、都心にある意味がなくなってきました。このように、オフィスの存在価値が縮小しているというニュースを耳にすることからもわかるように、今や在宅ワークはごく普通のことになりつつあります。そんなことも頭に置いてお仕事を探すことも大切ですね。

勤務場所は近くがおすすめ

前にも言いましたが、仕事を選ぶ際に最初に考える条件は勤務場所と勤務時間だと思います。が、特に勤務場所は近くがよいと思います。

もう10年以上前になりますが２０１１年に起こった東日本大震災は、日本人にとって忘れられない出来事になりました。それまでの常識や価値観がひっくり返ったと言ってもいいでしょう。私が住んでいる東京でも震度5弱を記録、交通機関のマヒが続きました。あのとき、電車が止まってしまって徒歩で帰路に就いた何万人という人たち。あのときのことを考えると、職場は近いに越したことはないな、と思ってしまいます。

電車やバスに乗ったとしてもいざとなれば歩

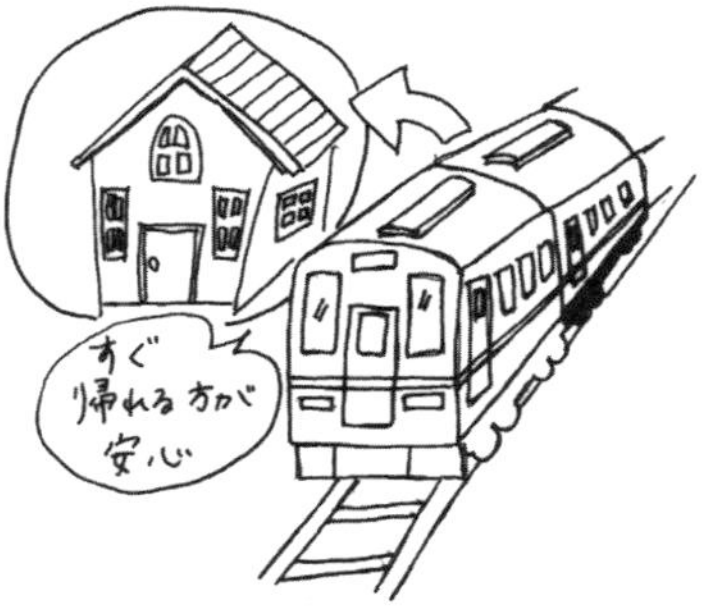

いて帰ることができる、子どもに会うことができる。これがどんなに心強いことか。安心して仕事に打ち込むことができます。

女性に特化した求人サイトに注目！

また、今は日本が国を挙げて女性の力を必要としている時代でもあります。先に挙げた求人サイトに加えて（一部重複しますが）「しゅふＪＯＢ」「ママワークス」など、主婦やお母さんに特化した求人サイトも存在します。

それらに掲載している企業はこのサイトの趣旨「家庭のある女性の力を求めている企業」すなわち「家庭のあることを前提に、仕事をしてくれる人を求めている」ということに賛同したうえで、掲載していると言えます。ですから、よりあなたにマッチした仕事が見つかる可能性が高いと言うことができるかもしれません。それから、勤務地密着の「ジモティー」も忘れてはいけません。

ぜひ一度、のぞいてみることをおすすめします。

スタートの仕事は半年くらいでＯＫ！

いざ仕事を探すとなると、どうしても「長くいられるような環境のところを！」と思いがちです。でも、ちょっと考えてみてください。しばらく仕事から離れていたあなた。現実をどこまでちゃんとわかっていますか？

時代は目まぐるしく変わっています。今のテクノロジーなどの変化はかつての産業革命時の十数倍とも言われています。あなたの知っている世界は遠い彼方。なんてほどではないですが、だいぶ変わっていることは確かです。ずっと仕事をしていてさえ、付いていくのがやっとなのです。

ですから、最初から長くできる仕事にこだわって長い時間をかけて選ぶよりは、とにかく半年やってみよう！　というようなつもりで選ぶといいのではないかと思うのです。そこが思っていたよりよかったら長く働けばいいのですし、そうでもなかったら契約満了をもって、次行ってみよう！　の精神ですよ。

気になったら勇気を出してコンタクト！

何ごとにおいても、初めの一歩ほどエネルギーの必要なことはありません。その気持ちは痛いほどわかります。でもそこで勇気を出しましょう！　無限列車のように鬼がいるわけではないのです（笑）。同じ人間、日本語が通じる場所です。ドア一枚です。そこをノックするだけなのです。

それでもどうしても、どうしても初めの一歩が踏み出せなかったら……。他力本願と行きましょう。ハローワークでアドバイスしてもらったキャリアコンサルタントさんを思い出してください。ハローワークでの案件なら、キャリアコンサルタントから連絡してもらえる場合もあります。

インターネットで見つけた場合は次のセリフを言ってみて。

「御社の求人のことについてお聞きしたいのですが」

このひと言が言えればもう大丈夫。あとは流れで会話をすればいいだけです。わからないことはわからない、と言ってしまえばいいのです。すべては「次行ってみよう！」の精神で。

面接？　大丈夫、学校の先生との個人面談よりも気楽！

お子さんの学校の個人面談、得意ですか？　お子さんが成績優秀で、なんの問題もない、という方はよいかもしれませんが、そんな人がいったいどれくらいいるでしょう？　少しでも心配事があったり、気難しそうな先生であったりする場合、個人面談や三者面談は、とても気の重いイベントではないでしょうか。そんな風に思うのは私だけではないですよね？

それはなぜでしょう。自分のせいで、お子さんと先生の関係を悪くしてしまうようなことがあっては大変、と思うからではないですか？

それに比べたら自分の面接なんて気が楽なものです。失敗したって自己責任。自分にしか影響しません。まだ始まってもいない人間関係を気に病むなんてナンセンス！


私がこれだけ言っても、それでも心配という人はもちろんいるでしょう。そんな人のためにこれだけ覚えておけば大丈夫！　という魔法の心構えをお伝えしますね。

「私のスキルを役立てたい！」と本気で心の底から思うこと。これだけです。

これは相手企業のためでもありますし、自分のためでもありますし、ひいては社会のためでもあるのです。そして、回りまわって我が子のため。

自分のために仕事をすることを選んだお母さんの、力強くエネルギッシュな姿をお子さんに見せましょう！　そのためならがんばれるはず。面接が怖いなんて思う必要は全くないのです。

のです。

不採用になったときのために次の候補も考えて

不採用になることは普通のこと、と思っていましょう。受験や、新卒の就活と違って、相手企業が求める事柄が複雑になっています。求人記事の条件がほとんど同様だとしても、取りたい人材は正反対、ということだって非常によくあることなのです。

たとえば、「営業事務経験のある人」という求人があったとしても、A社では新規営業に必要な人材を求めていて、一方B社では既存クライアントとの継続営業（ルート営業）を担当する人材を求めているかもしれません。

A社で求めているのは、初対面でも人見知りせずに積極的にコミュニケーションが取れる人物。一方B社は、堅実で相手の立場や気持ちを継続的に考えることのできる記憶力のよい人物だったりするのです。

このように、求人募集記事の記載内容だけでは、本当はどのような人物を求めているかはわからないのです。

不採用の連絡に落ち込んでいるなんて、時間の無駄です。落ち込む必要なんて全くありません。

もしその結果にどうしても納得できない場合は、理由を聞いてもいいかと思いますが、それより次の候補を探すことに時間をかけた方がよっぽど建設的です。

最初から何社か並行してチャレンジしておくのもよい方法と言えるでしょう。企業側でもそれは百も承知です。何も遠慮することも隠すこともありません。企業が困るのは、一度採用を受諾しながら、手続きの済んだあとで理由をはっきりせずに辞退されることです。採用の連絡をもらったときに、他社にもアプローチしていること、このあとにそちらに採用されたら、そちらを選択するつもりであることをはっきり伝えましょう。それによって企業側の対策もしやすくなり、あなたの信頼度もアップするのです。

あとは流れに任せてみましょう

大切なことは、「思い通りにいくことは少ない」ということを、覚悟しておくことです。

気を悪くしないでほしいのですが、あなたが自分の経験や知識の中だけで想像できることなんてたかが知れています。日本には企業が４００万社あります。あなたが知っているのはそのうちのほんのひと握りに過ぎません。その会社その会社によって風土文化も雰囲気も全く違います。業種や規模によって違うのはもちろんですが、同じような業種、規模であったとしても、社員編成、社歴、経営陣の価値観、場所によって全く違います。

だから仕事を始める前に想像していたことなんて、何ひとつその通りになることはないと思っていて間違いありません。それなら余計な想像をして心配したり期待し過ぎたりせず、たいていのことなら受け止めてやる！　という柔軟な姿勢や気持ちを作る努力をした方が得策です。

お子さんの進学やクラス替えでも、心配が杞憂に終わったり、思ってもみない事態に遭遇してしまった経験、ありませんか？　そんな経験があるあなたなら、想定外のことを受け止めることなど朝飯前のはず。そんな風に考えると受け止められそうですよね。どーんと。

ここが「母親力」の見せどころ、使いどころなのですよ。

第３章

困ったときの救急箱

自信を持って！【就職活動編】

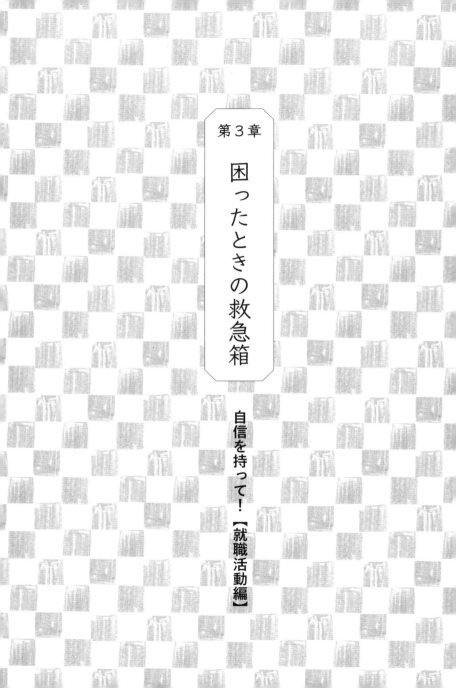

古巣のドアをノックしてみよう！

前章では、マザーズハローワークやインターネットでの仕事検索を紹介しました。
でも実はその前に、やってみる価値のあることがあります。
それは、以前在籍していた会社、あるいはその関係者にコンタクトを取ってみることです。

新卒で就職した会社、結婚退職や出産退職をした会社など、一度社員として在籍していたことがある方は多いと思います。退職のときはどんな雰囲気でしたか？送別会を開いてもらって、花束をもらって、あなたからも周りの方にちょっとした贈りものを渡したり。働いていた頃の辛かったことや楽しかったことを思い出してジーンとし、ウルウルきちゃった、なんて経験がもしあるのなら、ぜひともかつての同僚、先輩、後輩に連絡をしてみましょう。

もしもその会社が人材を求めていたら願ったりかなったり。会社側だって全然知らない新人さんを入れるより、仕事ぶりや性格がわかっているあなたを採用した方が断然メリットがあるはずです。あなたの方も、どんな会社かもどんな仕事かもわからずに入社するよりも、風土や仲間の様子がわかる古巣なら、安心感がまるで違いますよね。

言葉の響きはどうかと思いますが、「出戻り社員大活躍！」という見出しが躍る新聞記事も目にします。

「えるぼし」「くるみん」制度

もしかすると、あなたが退職した当時は結婚退職、出産退職は当たり前のことだったかもしれませんが、時代の要求は驚くべき速さで企業に改革を迫っています。

「えるぼしマーク」や「くるみんマーク」を知っていますか？

女性が働きやすい職場を、厚生労働省が認定する制度です。このマークは、女性に優しく働きやすい、女性に理解のある（制度が整っている）企業であるとのお墨付きを与えられた印です。そして、社会的信頼や将来性を兼ね備えている企業である、とみなされ、イメージアップのために各企業がこぞって申請している認定です。

コンタクトを取った会社のホームページ、コーポレートサイトにこのマークがあれば、しめたもの。女性に優しい企業に生まれ変わっている可能性も大と言えるでしょう。

「えるぼし認定」は女性活躍推進法をもとに、女性たちが社会で活躍できるよう後押しするための認定制度です。

「くるみん認定」は「次世代育成支援対策推進法」をもとに、子育てサポートに力を入れている企業を認定する制度です。それぞれの制度では認定基準も異なります。

えるぼしマーク	**認定基準** 「採用」「継続就業」「労働時間等の働き方」「管理職比率」「多様なキャリアコース」の5つの項目から判断
くるみんマーク	**認定基準** 「75%以上の女性社員が育児休業を取得している」「短時間正社員や在宅勤務などの制度・措置がある」などの条件を満たしている

※厚生労働省HPより

また、元の会社に入れなかったとしても、関係先企業に紹介してもらう、という手もあります。

かつて同じ時期に入った同期の仲間が、今ではいっぱしに大きなクライアントと取引をしていたり、先輩だった同僚が関連企業に出向、役付きになっていたりするかもしれません。そこの会社が人材不足だったり、えるぼしマーク企業だったり。

そんなうまい話、そうそう転がってないわよ～！　と思いますか？　それが、結構耳にする時代なのです。

とにかくまずは以前在籍していた会社の、かつての仲間に連絡を取ってみましょう。連絡先を知らなくても問題はありません。今はFacebookやTwitter・InstagramなどSNSでいくらでもつながれるのです。検索し、探し当てて、懐かしい顔が浮かんだら、まずはメッセージでご挨拶。近況報告の情報交換ですから気を張らずに。

「そろそろ仕事をしようかと思っているのだけれど、どこか人材を探していないかしら？」と気軽に問いかけてみましょう。意外な展開が待っているかもしれません。

もちろん準備も怠らずに。いつでも送れるように、履歴書や職務経歴書はあらかじめ準備しておくことをおすすめします。

この履歴書については次で詳しくお話ししましょう。

いざ、面接へ！

紹介だろうが、自分で探した企業であろうが、面接、あるいはそれに類した顔合わせ面談はあるはずです。

派遣で働く場合については、まずは雇用主となる派遣会社への登録面接が行われます。集団説明会の場合は仮登録などがある場合もありますが、実際派遣先が決まったら、担当者やコーディネーターとの面談、あるいは派遣先の職場見学兼面談が行われることがほとんどです。

そのときに慌てないように持参するもの、心構え、服装などの話をします。

履歴書・職務経歴書はパソコンで

さて仕事を始めるにあたって必ず必要となるのが「履歴書」と「職務経歴書」です。これをどうやって作成するか。色々な考えがあると思いますが、私は、自分の筆跡によほどの自信がない限りは、パソコンで作成することをおすすめします。テンプレートがありますし、企業側は履歴書がパソコンで作成されているのを見ただけで、こう判断します。

「最低でも、履歴書を作れるくらいにはパソコンを使える人なのだな」と。

ブランクがあること、前職の就業期間が短かったり、販売職や接客業しか経験のない人には、特におすすめします。

手書きの履歴書も悪くはありませんが、やはり「パソコンができないかもしれない人」という印象を与えてしまう可能性があります。字のきれいさをアピールしたい人は手書きでもＯＫですが、何通も書くのは大変ですよね。そういう方は添え状だけ手書きにする、ということでもいいと思います。

職務経歴書も同様です。パソコンを使って、時系列、あるいは職種別に見やすさを重視して作成しましょう。もし、職務経歴書の書き方に迷ったら、前述したキャリアコンサルタントに相談するのもよい方法です。あとはインターネットで調べてみることもできます。面倒がらずに自分をいちばんわかりやすくアピールできる形式を探してみましょう。

私がおすすめするのはやはり時系列順。古い順でも新しい順でもよいのですが、企業名、職種、雇用形態などを簡潔な文で書いてあると非常に見やすくなります。表にまとめてもよいと思います。だらだらと文章で書くのはやめましょう。面接官は「読む」のではなく「観る」のだということを念頭に作成するとよいでしょう。余白があっていいのですよ。

■ PC スキル
・Excel：入力・集計、表・グラフ、関数計算。
・Word：文字入力、図表・グラフ挿入、校正機能を業務で使用。
・PowerPoint：文字入力、図版作成、アニメーション。

■資格
・普通自動車運転免許（1996 年）
・秘書技能検定試験 2 級（1999 年）
・漢字検定 2 級（2014 年）

■自己分析
社会に出て初めての仕事が営業事務だったことから、製造元の工場の担当者と、取引先の購買担当者との橋渡しとして、自社の売上げに貢献しつつも、バランスを見ながら無理のない取引きを継続することを心がけました。工場にも取引先にも気持ちよく働いてもらう言葉選びに心を配りました。また、営業で取引先を訪問することもあり、挨拶や態度にも気を遣いました。

派遣社員として働いた際は、初めて経験する経理業務、人事業務に最初は戸惑いましたが、引継ぎ時にしっかりとメモを取り、次第に自分なりに効率的な方法や、優先順位を考えながら業務に取り組めるようになりました。

ブランクはありますが、その間に家庭や子育てで培った、協調性や忍耐力を活かして、これからの仕事に精いっぱい取り組みます。

職　務　経　歴　書

2021年12月1日現在

氏名　日本 母美

■職務経歴

□ 2008年4月～ 2011年3月　□□□株式会社（派遣先・ガス関連会社）

期間	業務内容
2008年4月 ～ 2011年3月	派遣元：▽▽▽株式会社 大宮支社において派遣社員として総務人事事務を担当 ・社員の勤怠管理 ・社員の入出金管理 ・社員の給与計算 ・来客対応　・電話対応（本社の対応）

□2005年4月～2008年3月　○○○株式会社（派遣先・不動産管理会社）

期間	業務内容
2005年4月 ～ 2008年3月	派遣元：◇◇◇株式会社 池袋営業所において派遣社員として一般事務（経理業務含む）を担当 ・月次決算の資料作成（100枚程の伝票の作成整理） ・小口現金管理 ・銀行預金管理 ・売掛金管理 ・来客対応　・電話対応（クレーム取次等）

□1999年4月～2005年3月　株式会社△△△（電気メーカー）

期間	業務内容
1999年4月 ～ 2005年3月	営業事業本部に配属 営業アシスタントとして営業事務を担当 ・受発注業務（データ入力） ・電話対応（工場・取引先） ・取引先訪問（営業員補佐）　・来客対応

※紙面の都合上、横に展開していますが、この量だったらA4用紙を縦に使って、1枚に収めるのがよいでしょう。

もし、直接手渡しするのなら、大きな封筒に入れて、あまり折り目がつかない方がベター。見やすいですからね。できるならクリアファイルに入れて、Ａ４（角２）の白か茶の封筒に入れて、封をしないで渡すのがよいと思います。

面接で緊張するのは当たり前

面接で全く緊張しない、などという人はいるでしょうか。前章で子どもの先生との面談よりも楽、とは言いましたが、それだって自分が選ばれるか選ばれないかをゆだねる相手に相対して、緊張しない方がどうかしています。

ではどうするか。とっておきの方法を教えちゃいますね。

「とても緊張しています。よろしくお願いします」

と口に出してしまうのです。

すると、あら不思議。それまで張りつめてピリピリしていたその場の雰囲気が、フッと柔らかくなるのです。だまされたと思って言ってみてください。更に言うなら、事前に、その言葉だけ練習してから臨んでみてもいいでしょう。きっと場が和んで、ともすれば試験官にも笑みが生まれ、「それはそうですよね」「そんなに緊張しなくても大丈夫ですよ」などと言ってもらうことができるはずです。そして少しあなたのペースにすることができるはずです。そうなればきっと実力を発揮できます。

黒スーツでなくても大丈夫

新卒での就職活動に、みんながみんな黒のスーツを着るようになったのは21世紀に入ってからだと言われています。それ以前に就職活動を経験した人は、今の学生が一様に黒スーツなのを不思議に思うかもしれません。私もそのひとりです。少し異様にさえ思えてしまいます。

バブル経済が崩壊し、就職氷河期と呼ばれる時代、就活する学生はとにかく欠点が見えないようにするのに必死でした。横並びで同じ条件でなければ悪目立ちしてしまう。そんなことを極度に恐れる風潮がその頃から生まれ、氷河期どころか売り手市場になっても、就活生の心理に残ったということなのでしょう。

でも、就活生の真似をしたって学生に戻れるわけではありません。学生にはない経験やスキルを持っているあなたが、無理やり黒スーツを着る必要は全くないと思います。大人であるあなたは「ＴＰＯ」を意識し、企業の雰囲気に合わせた服装で面接に臨みましょう。黒スーツだといけないというわけではありませんが、場所によっては、かえって浮いてしまうこともありますよ。

ただし、採用されてからの服装条件が「ジャケット着用のこと」とか「ジーンズ不可」などと指定がある場合はそれに従いましょう……って、当たり前ですよね。

とにかく、面接で見られるのは、入社してから仕事をきちんとできるかどうか、ということに尽きるのです。面接日だけのために考えるのではなく、自分がどれだけその相手企業の役に立ち、力を発揮できるのかをアピールする場であり時間である、ということを忘れることなく、臨みましょう。服装選びやメイクはその思いを表現する手段です。

それと、無理な服装はやめましょう。

たとえば普段はヒールの低い靴しか履かないのに、そのときだけ7センチのハイヒールで向かうのは明らかに無謀です。慣れない靴が気になって半分の力も出せないかもしれません。

逆に、スーツをビシッと着用し、普段は履かないハイヒールで臨んだ方が気合が入るのよ！　という人も、中にはいるかもしれません。そんな方は遠慮せず、勝負服、勝負靴でカチッとビシッといきましょう！

実際のやり取りの秘けつ

企業側は人事担当者であることが多いものです。人事でなくても、面接を毎日こなしている人である可能性が高い、と思っておいた方がいいでしょう。そんな人には見かけだけをいくら取り繕っても、すぐに見破られてしまいます。下手に猫をかぶったり、過度に自分を飾る必要はないのです。そんなことをしても、かえって評価は下がるばかり。

かつて私が面接を受ける側だったとき、自分を含め同期の配属先を見て、人事担当の見る目に舌を巻いた覚えがあります。自分でもわからなかった特性をいち早く見抜いて、適材を適所に配属する。それでこそ採用担当の適所です。

面接時のコツは、面接官の話をよく聞くことです。面接官があなたの何を知りたいのか、何を聞いているのか、質問のポイントをつかんで、それに対して簡潔に、落ち着いて答えることです。

特に、久しぶりの面接を受けるときはとても緊張すると思います。前述した「とても緊張しています」宣言の他に、簡単だけれど効果のある方法をお教えしましょう。

それは、面接官を好きになる、こと。

いやいや、会ったばかりでこれから自分を評価しようとしている人を、好きになれなんて、無茶言わないでよ〜！　と、思いましたよね。それはごもっともです。でも、好感を持って接すると、不思議に表情や態度に現れ、相手にも伝わるものなのです。だから、好きなところをひとつでも探せばいいのです。

たとえば、着ている服の色が好み、とか、「どうぞお座りください」と言って椅子を指し示したときの手が優しそうだったとか。あとは、髪型が素敵、声が聞きやすい、今どき珍しくネクタイをしているところがイイ、口紅の色がキレイ。などなど。あまり好きなところを探し過ぎてジロジロ見ていても変ですけれどね。

好きでいてくれる相手を嫌だと思う人は、あまりいないと言われています。

反対に、面接官に嫌悪感や不信感を抱いてしまうと、それが表情や態度に出てしまいますから、くれぐれもご注意を。

第４章

困ったときの救急箱

主婦のスキルで十分！【就職後編】

あなたにはブランクなんてない

あなたが子どものため、家族のためにしてきたことはすべてあなたのスキルにつながっています。

「仕事を辞めてから何年も経っているから、きっと仕事のしかたなんて忘れてるし、新しく仕事を覚えるのも自信がないし、周りの人たちに迷惑をかけてしまうに決まってる……」

と考えているあなた！　それは大きな間違いです。

あなたは子育てや、家庭の中の実に様々な事柄をまとめ、管理する中で、企業やお店で働くのと同じ、いえ、それ以上のワーキングスキルを身につけてしまった、と言えるのです。

この章では、今のあなたが、実はどんなスキルを持っていて、それが仕事をするうえでどのように役に立つのか、あなたの知らないあなたの実力のお話をしましょう。

やっぱり気になる人間関係

いざ仕事を始めるにあたって、なんと言ってもいちばん気になるのは人間関係ではないでしょうか。

人は、どこのコミュニティに所属しても気の合う人、合わない人は必ず存在します。優しい人、親切な人、意地悪な人、おせっかいな人、怖い人、イライラする人、色々な人がいるものです。これは年齢、性別、地域問わず、いくつになっても、どこに行っても同じだと考えましょう。すべての人と仲良くなれるなどということは100％ありません。

要はあなたが仕事をするにあたって、支障なく過ごせることが大切なのです。

思い出してください。お子さんを通じての、いわゆる「ママ友」さん。仲のよい人ばかりですか？　それほど気が合うわけではないけれど、子ども同士が仲良しだからしかたなく付き合っている人、いますよね？

保護者会や懇親会、ＰＴＡ役員活動でも、それは避けて通るわけにはいられなかったはず。そして、子どもが間に入っているだけに、我慢したり、無理をしたりしてきたことも多かったのではないでしょうか。

でも、仕事をしている場での主役は子どもではなく、あなたです。

ママ友や、保護者会での人間関係を、なんとかやり過ごしてきたあなたなら、職場での人間関係も必ず乗り切ることができます。


とは言ってもやはり不安に思うでしょう。そんなあなたに、ここで少し、人間関係を円滑にする「コツ」を伝授しちゃいましょう。

「他人と過去は変えられない」と言います。自分以外の人を変えることはまずできません。


あの人の、こういうところが変われば付き合いやすくなるのに。と思っても、魔法使いでもないあなたの力では、どうにもならないことですよね。

合わない人との接し方

では、気の合わない人とはどう付き合ったらいいのでしょうか？

答えは「自分の気持ちを変える」ことです。変えると言っても、あなたが持っている考えを、相手に無理やり合わせるということではありません。「他人の価値観と自分の価値観は全く違う」ということを理解する、ということです。

たとえば、「データを入力する」という仕事があったとします。

Aさんは時間のことはあまり気にせず、それよりもミスのないように、慎重に、何度も見直しをしながら進めたとします。その結果、ミスはありませんでしたが、3時間かかってしまいました。

同じ仕事を、Bさんはとにかく早く済ませようとして、ミスはあったものの1時間で仕上げました。

指揮命令者から「納期は1時間でやること」、あるいは「ミス0でやること」との指示がない場合、これはどちらも正解なのです。Aさんの価値観、つまりAさんが大事に思ったのは「時間がかかっても正確に入力すること」であったのに対し、Bさんは「ミスはあとでなんとかするとして、とにかく速く入力すること」だったというわけです。

ここで、自分の価値観だけを正解として、相手を責めてはいけません。また、自分が仕事ができないと悲観する必要もないのです。

これは極端な例ではなく、仕事をしていると、価値観の違いだとは気がつかずに反発し合ってしまうという例が、いたるところに転がっているのです。

他の例を挙げると、「調和」を重んじる人に対して、「個性」を大切にしたい人。「指示に忠実にやること」に対し「指示以上の結果が当たり前」と考える人。「言われてから動くこと」が正解な人と「自分から動くこと」をするのが普通な人。

同じ仕事をするのでも、ひとりひとりの「当たり前」や「そうするべき」「普通」

などは全員違います。似ているように思える人でも事柄によって異なるということもあります。というより、違うのが当たり前なのです。

「みんなちがって、みんないい」

とは金子みすゞさんの『私と小鳥と鈴と』という詩の有名な一節で、子どもに多様性を教える際によく使われますが、何も人種や性別、年代別に限ったことではなく、一見同じような価値観で生きていると思える人たちの間にも通じる一節です。私たち大人も、このことをよくよく覚えていれば、無用な衝突は起こらないはずだと思うのです。

職場の人間関係で悩んだら、相手の大切にしていることと、自分の価値観の違いを考えてみると、対処方法も見えてくると思います。

取引先との交渉は、子どもトラブルを思い出して

営業関連の部署に限らず、企業には取引先があります。経理部門であれば請求先や支払先。総務部であれば備品調達先、組合などもそれにあたるかもしれません。人事部であれば採用支援会社や学校。

そんな社外の相手先と交渉する、なんていうシチュエーションも出てくるかもしれません。そんなとき、どうしましょう。

そんな交渉なんてやったことがないから自信がない。と怖がっている場合ではありません。

お母さんであるあなたは、実は日々交渉事にブチあたっているのです。

子どもを育てるにあたって、避けては通れない外部との交渉事。「交渉」という意識はしていないかもしれませんが、子育てをめぐって、あなたはこれまでどれだけ他人と接してきたでしょうか。

たとえば習い事。音楽教室に通わせようと思ったけれど、曜日と先生が合わない。子どもは火曜日の先生に教えてもらいたいと言っているけれども、行けるのは木曜日しかない。さて困った。どうするか。子どもを説得して、違う先生でもよしとするか。それとも音楽教室に掛け合って、木曜日にもその先生のクラスを開設してもらうか。はたまた全く別の音楽教室を探すか。いっそ、その先生に個別指導をお願いするか。選択肢、予算、双方の都合などなど。

あるいは子どもが学校でいじめられているかもしれない。担任の先生がどのような対応をしてくれるのか。親は、学校での子どもの様子、友達との関係をすべて把握することはできません。そうなると頼るのは担任の先生。でも、先生もひとりの子どもにだけ関わっているわけではなく、他の生徒との関係、先生の性格、など色々な要素があります。それらをできる限り考慮し、それでも我が子のよい方向に事が運ぶように、考え、調べ、交渉する。

そんな経験ありませんか？

仕事だって同じです。

仕事を、子どもに対する思いと同様にすることは難しいかもしれませんが、自分の会社に少しでも多く利益があるように、あるいは少しでもよい状態になるように、取引先相手とやり取りをするのが「交渉」です。

ただ、子ども関係の交渉事と違うのは、やり直しがきくことです。失敗したら次で挽回すればいい、そう考えると、子育てよりよっぽど仕事の方が簡単かもしれません。などというと、怒りそうな昭和のオジサマもいそうですが（笑）。

仕事VS家族のマネジメント

仕事の進捗を把握するのは、家族のマネジメントをするよりも簡単かもしれません。

あなたは日頃、ご家族のスケジュールや体調を把握、管理していますね。

たとえば、家族旅行。夏休みに1週間くらい海外旅行に行こう！　ということが決まりました。

行き先が決まったら、次は日程です。子どもたちが大きくなればなるほど、この日程調整が困難を極めます。

お兄ちゃんの学校の部活、夏合宿はいつからいつまでだっけ？　他にも練習日は？　いつなら休める？　妹の塾の夏期講習はどうなってるんだっけ？　え？　教科ごと、成績ごとに違うの？　上の成績の日程の方がお兄ちゃんのスケジュールと合うじゃない。次のテストはもう少しがんばって！

お父さんの会社の夏休みはいつ取れるの？　え！　それは部下の○○さんと取り替えられないの？　ちょっと聞いてみてよ。この日程の方が少し安いのよ！

なんてこと、お宅ではありませんか？ご主人が旅行会社に行ってくれるはずだったのに、全然あてにならない。いいわよ、私が行ってくるから。でも、あとからオプションの選び方が悪いとか言わないでよ。……とか。

遠慮なくスケジュール変更をする家族。予算オーバーの注文をする夫。きっとどこのご家庭にも、似たような経験があるのではないでしょうか。

そんなスケジュール管理から、夫のメタボ予防、娘のダイエットを気遣ったメニューでの食事作り。なんていうのも、あなたがひとりで背負ってはいないでしょうか。

あるいは、親戚の法事。お父さんの礼服はしばらく着ていないけれど、サイズは大丈夫かしら？　娘は制服でいいけど、息子の学校は私服だから何を着せればいいかしら？　あ、数珠はどこにしまったっけ？　ご仏前はいくらにすればいいの？などなど。

それに比べたら、仕事の内容把握なんて、簡単なもの、と言えるかもしれません。もちろん、そんな簡単なものばかりとは限りませんが、いずれにしても家庭内で家族のマネジメントを担ってきたあなたなら、できないはずがありません。

家族のマネジメントと違って、会社の仕事はマニュアルがあることもありますし、先輩や上司に相談することもできるでしょう。自信を持って取り組むことができるはずです。

他にもこんなにある、あなたのスキル

その他にもあなたが身につけたスキルは、子育てのコミュニティの中で培われた「社交性」。それに、同じ母親仲間に心から同情できる「共感力」。

そして最大にして、最高なスキルは、子育てで否応なしに身についてしまった「忍耐力」と言えるでしょう。

忍耐力がなければ子育てなんてできません。人間は、子どもがひとり立ちするまでに時間がかかる哺乳類の中でも、その時間が断トツに長いのです。

新生児期、乳児期、幼児期、学童期、思春期。

ここまでで実に10年以上かかっています。この間、何かにつけ母親は忍耐力を強いられます。そのたびに忍耐力度はアップするばかり。そして、このあとも、受験、卒業、恋愛、結婚、そして今度は孫。私たち母親の忍耐力は、どこまで高められるのでしょう（笑）？

これはあなたのとても大きな武器になります。

仕事をするうえでも、予定通りにいかないこと、思いがけない失敗や、自分のせいではない理由での滞り。それらにいちいちイラついたり、途中で投げ出したりしていては、仕事として成り立ちません。

そういうときこそ、子育てで培われた忍耐力をフルに活用し、辛抱強く物事に対応する力が大切になります。

また、何か気に入らないことがあるとすぐに会社を辞めてしまう人も多い昨今。私たちは、嫌でもなんでも絶対に途中で投げ出せない「育児」という大仕事をやってきた実績があります。きっと、もうひと踏ん張り、とか、これくらいなんてことない、っていう気持ちになってしまうのではないでしょうか。

これは、なかなか身に付けようとしてもできるものではなく、子育てを経験した私たち母親だからこそのスキルと言っても過言ではないでしょう。

第５章

組織で働くだけが仕事じゃない

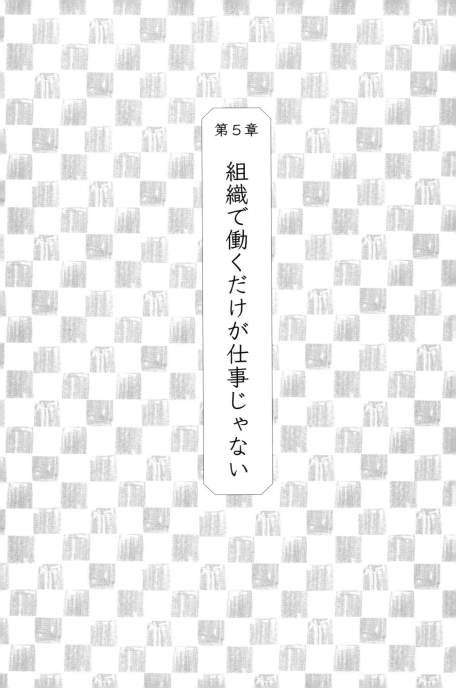

会社に属さないという働き方

「仕事をする」と言っても、会社に就職することだけがすべてではありません。フリーランスで働く。あるいは起業する、というワークスタイルもあります。

どちらも、子育て中の女性が働くにあたって、時間や場所に制約を受けない、比較的自由な働き方ということで、注目されています。

言葉は聞いたことがあるけれど、実際どういうことなの？　という方も少なくないでしょう。ここで少し、こんな働き方もある、ということを紹介してみましょう。

フリーランスで仕事をするということ

フリーランスで仕事をするということは、文字通り、自由にひとりで仕事をするということです。でも当然ですが、そこに収支が発生するのですから、依頼主が存在します。

つまり、フリーランスというのは、自分のできること、つまり「自分のスキル」を、そのスキルを必要とする相手（企業）に提供し、対価を得ること。と定義することができます。

たとえば、Ｗｅｂデザインや、ライティングはもちろん、ベビーシッターやホームキーパー、ホームヘルパーなどもフリーランスで働いている人が増えています。

◇フリーランスのメリット

まずいちばんは自由度の高さです。

フリーランスで仕事をするということは、依頼主から成果物を求められることが多いため、約束した納期までに納めれば、いつ、どこで仕事をしようが自由、ということが多いのです。ですから子育てや家事との両立もしやすいと言えます。

一方、ベビーシッターやホームキーパーなど、その場へ行ってサービスを提供する場合は、自分で時間や場所を選ぶことができるという点では自由と言えます。

また、フリーランスの仕事を端的に言うと、自分のスキルを売る、ということですので、そのスキルが高ければ、より高い対価が得られるわけです。人によっては会社員よりも時給換算で高い報酬を得ることも可能です。

そして、仕事を始めるにあたって手続きの負担が比較的少ないという点もメリットと言えるでしょう。また税制の面で言えば、個人事業主として青色申告をすれば、決算書の作成などが必要な代わりに、10万円の控除（2020年度）が受けられます。

◇フリーランスのデメリット

反対にデメリットというと、収入の不安定さがあげられるでしょう。そのため、社会的信用度は低いものになります。ローンを組んだり、クレジットカードを作ったり、という契約が難しくなる場合もあります。

起業するということ

一方、「起業する」ということは、新しくサービスを提供する「法人」を立ち上げる、「法人化」するということです。

ですから、一般的に初期投資が必要となったり、法律に則った事前許可申請・登録が必要な場合もあります。社員がいる・いないに関わらず、「個人」で仕事をするのとは全く違ってきます。

カフェなどの飲食店やお料理教室、ネイルサロンやエステサロンなどが人気の業種になります。

◇起業のメリット

自分の会社を持てるということに喜びを感じる人もいらっしゃることでしょう。

「社長」という肩書を手に入れるには、起業は最短の方法です。

同じ個人で仕事をするにも、フリーランスと起業との違いで、起業することのメリットと言えば、税制がそのひとつです。個人の所得税は累進課税で、収入が多ければ多いほど税率が上がりますが、法人化することで、税金関係でお得になることがあります。

それから、なんと言っても社会的信用があるということです。ローンやクレジットカードの契約は、法人の方がしやすくなります。

また、依頼側の企業によっては、法人としか取引を行わない、というルールがあるところもあり、仕事を取りやすくなるということもあります。

◇起業のデメリット

起業する際のデメリットとしては、始めるときの手続きの煩雑さがあげられます。

会社を設立するには、定款を作成し、登記申請書を法務局に提出します。その他、税務署や年金事務所にも書類の提出が必要で、書類の準備だけでも大変だと考える人は多いでしょう。

また、初期費用もかかります。手数料や登録免許税などの他、事業内容によっては高額な資金が必要となる場合もあります。

そうして起業しても、うまくいく保証はありません。利益が出なければ、初期投資を回収するどころか、貯金を崩し続ける、あるいは借金をする、というリスクもあります。法人税は、たとえ会社が赤字でも、最低税率が課せられるからです。

フリーランスと起業、始め方の違い

フリーランス、起業とも、個人の判断によって始めることができます。履歴書や面接で企業に選んでもらう、という受け身ではなく、あなた自身が主体性を持って、仕事を始めるということになります。

フリーランスは、あなたに売れると思われるスキルがあれば、始めるハードルは比較的低いということができます。仕事の依頼主を探すにも、最近では営業をすることなく、フリーランスと依頼主を結びつけるためのマッチングサイトが何種類かあります。「フリーランス名鑑」「ランサーズ」「ココナラ」「スキイキ」などのサイトがそうです。

それに対して、起業するということは前項で書いたように、始める際に手続きに関する書類が必要となります。すべてを専門家である社会保険労務士、司法書士に依頼すれば、書類の作成や登記手続きについて、確実かつ迅速にサポートをしてもらえることでしょう。でも、当然ながら、料金が発生します。

では、できるだけお金をかけずに、自力でやることは不可能なのでしょうか？

いえいえ、そんなことはありません。
次の項で、その方法に触れることにします。

女性が起業するための支援もたくさんある

まずは書籍です。
少し大きめの書店に行って、「起業」関連の本を探してみてください。女性向けのマニュアル本がたくさん出版されているのがわかります。中には、手続きの方法や、書類の書き方を具体的に指南してくれているものもありますから、それらを参考に自分で作ってみることもできます。

それにも増して、私がおすすめしたいのは、自治体や社団法人などが主催している「女性のための起業セミナー」に参加することです。自治体によっては、そこの住民でなくても受け入れ可能な講座を開催しているところもあります。このようなセミナーは、無料、または安価で参加することができるものが多いのも特徴です。

経験やノウハウを豊富に持っている方が講師となっていることが多く、また、一回だけでなく、数回にわたって連続した講座を開催するところもあり、書籍を読むだけでは得られない知識やノウハウが学べます。

そして、特筆すべきは、そのセミナーで得られるのは、知識やノウハウだけではないということです。そこではかけがえのない「仲間」に出会うことができます。同じ目的を持った仲間の存在は、事前に思っている以上に大きな存在となって、あなたを助けてくれることでしょう。同じようなところで躓いたり、迷ったりしたときに、相談したり、愚痴を言い合える仲間がいることは、精神的に大きな支えとなることは間違いありません。

また、講師の先生に質問できるというのも大きな利点です。一般論を学ぶだけでなく、自分自身のことを質問したり、相談したりできるところも、このような参加型セミナーの意義の大きなところと言えるでしょう。

最近ではオンラインの講座も出てきているようです。自分に合った方法で学ぶことができるかもしれません。

すべての自由は責任を伴う

煩雑な人間関係。理不尽なハラスメント。自分に合わない仕事内容。これらのストレスがないのがフリーランスであり、起業です。

ただし、よいことばかりではありません。それらのストレスから解放される代わりに責任が発生します。

思ったより利益がなくても、思ったより時間を取られても、誰かのせいにして、文句を言うことはできません。それはすべて自己責任。ネガティブに考えるのも、ポジティブにとらえるのも、あなた次第です。

それから、断るのが苦手な人、交渉が上手にできない人だと、自分のキャパシティー以上の仕事を安価で引き受けてしまったり、自分に合わない仕事を受けてしまったり、などといったトラブルも発生する可能性もありますから、十分に気をつける必要があります。

ハイリスク、ハイリターン。個人で行う仕事には、自由と責任がセットでついてくるのは、古今東西変わりはないのです。

第６章

働くお母さんの楽しみ

子どもが自ら成長する

自分では何もできなくて、泣くか、眠るかだけだった我が子が、少しずつ成長し、やがては身体的にも精神的にも親に追いつき、そして追い抜いていく。そんな過程を見られるのは、親として最大の喜びでもあります。でもその成長曲線は一定であるはずもなく、あるときは親の思いとは全く違った方向にいってしまう、そんなことも私たち親は辛抱強く見守り、あるいはどうにか軌道修正ができないかと試み、やはり親の思うようになんてなるはずもなく……。

子育ては、こんなことの繰り返しですよね。

第一子である我が息子も、中学3年生で恐ろしく身長が伸び、気がつくと上の方から

「お母さん、小っちぇえ」

と笑っていました。

あのときの息子の照れたような誇らしげな表情は、今も目に焼きついています。私も寂しいような、でもその何倍も誇らしいような、不思議な感覚を味わったこともまた同時に思い出されます。

またあるときは、授業や調べもので得た知識を、我がもの顔で披露する子ども。父親は少し違うのかもしれませんが、誰かに追い抜かされることがこれほどの快感を伴うのは、相手が我が子ならでは、という気がします。身長や運動能力、そして知識や見識、どんどん追い抜いて、先へいってしまえばしまうほど嬉しい、というある種〝M〟っぽくもある心境というのは、母親の特権ではないかと思っています。

私は、母親が仕事を持つことで、そんな子どもの成長を、もっと促すことができる、と考えています。

親がそばにいると、疑いもなく親が判断してしまっている、その選択肢。もしかしたら子どもは違ったチョイスをするかもしれないと、考えたことはありませんか？

あるいは、今までお母さんがやってくれていた家事。「お手伝いしなさい」と言われて、やり方も指示されて、イヤイヤやっていたことはあるかもしれません。

でも、もしも自分しかできる人がその場にいなかったとしたら。子どもはどうしたらいいのか自分で考え、判断するしかない状況だってあるのです。

それがたとえ「お母さんに電話して聞いて判断する」だったとしても、電話をするのを決め、実行するのは子どもです。

そんな小さなことの積み重ねが、子どもの成長につながっていることは間違いありません。

どんな小さなことでも、初めてのこと、めったにやらないことに遭遇し、自分の力だけで成し遂げることは子どもにとって、やがては大きな成長につながるのです。

たとえそれが失敗したとしても、決して嘆くことではないことを伝えてあげましょう。挑戦すること、それは、「成功」は保証されていなくても、「成長」は保証されているのです。ともすれば、成功してしまうよりも、失敗という経験の方が成長度合いは大きいということも、よくあることです。

小さなケガを恐れないで

洗いものをしてコップを割ってしまったとしても、次からは気をつけるようになるでしょうし、それで手を切ってしまったら自分で手当てする方法をどうにかひねり出すかもしれません。

「ケガ」と聞いただけで動悸がするほど心配になってしまう気持ち、わかります。でも、そこを少し我慢してみてください。一生、ケガをせずに済むはずはないのです。小さなケガを恐れて、親が先回りして、その都度ケガの原因を取り除いてばかりいては、子どもは、ケガの痛みを知ることができません。小さなケガを知らずに大人になってしまい、大きなケガを経験してしまったとき、自分で対処することができなくなってしまうことは、あまりにも恐ろしいことだと思います。それは身体的なことに限らず、いえむしろ、精神的なケガの方が大変なことだと言うことができると思うのです。

敢えて、小さなケガをさせるのは悪いことではありません。でも、目の前にいたら、どうしても原因を取り除いてしまいたくなるのが親心。それならいっそ、離れているのもひとつの方法なのです。

それには仕事をするのがいちばんではないでしょうか。

社会に必要な人になり、自己肯定感が高まる

これまであなたの役割は家庭の中にありました。恐らく家庭はあなたを中心にまわっている、いいえ、あなたがいなければまわらない、という状態だったのではない

でしょうか。家族は、体温計ひとつ、ぞうきんひとつの置き場所もあなたに確認する始末。とにかく、あなたは家族にとって、なくてはならない存在です。

それはそれで大きな意味があるかもしれません。

でも、本来のあなたはもっと別の意味で必要とされるべきなのです。

仕事を持ち、社会に出ると、仕事はあなたを必要とします。上司はあなたを必要とします。後輩はあなたを必要とします。同僚はあなたを必要とします。お客様はあなたを必要とします。

そして家庭では。社会人としてのあなたの意見を夫が必要とします。社会人の先輩としてのあなたのアドバイスを子どもが必要とします。

体温計やぞうきんの場所だけでない、あなたの経験からの意見やアドバイスが、職場でも家庭でも必要とされるようになるのです。

このことで、あなたは自分を見る目も変わることでしょう。人間は必要とされることによって向上心が芽生え、自己肯定感が高まるのです。そしてそれは、子育てにおいても、必ずよい影響を与えてくれるでしょう。

時間を効率的に使えるようになる

弊社の社員の話をさせてください。

大学を卒業後、いわゆる新卒で弊社に入社した社員がおりました。彼女は実に6年間、正社員として働き、その後、結婚を機に引っ越しをすることになり、距離的に通勤することが困難になり、退職をしました。

そして、再び引っ越しをして通勤圏内に移ったときに、彼女はお母さんになっていました。育児が始まったタイミングで、彼女は再び仕事がしたいという希望を持ち始めたのです。

一方、弊社はちょうど人材がほしいタイミングに。

両者の思いが一致して、彼女は再び弊社で働くことになりました。ただし、フルタイムは無理ということで、週4日、10時30分から16時までの時短勤務となりました。以前働いていたときの、約半分の時間に短縮されることになったのです。

以前の彼女も外回りを中心とした営業を担当し、それはよく働く女性でした。それが勤務時間が半分になり、彼女の生産性は半分になってしまったのでしょうか？

答えは「否！」です。コロナ禍に突入していたということもあり、以前よりも訪問しての営業活動が少なくなっていたこともありました。また、弊社が変化の時代に生き残るため、新しいやり方を構築するため、新システムを導入したりすることにちょうど力を入れる時期でした。そんな中、彼女は、傍で見ていてもその集中力と行動力に磨きがかかり、勤務時間内の生産性は、大幅にアップしているように思いました。きっと彼女には、そのようにしようとした明確な意識は、それほどなかったかもしれません。

このように、限られた時間の中で仕事をするということは、意識するとしないとに関わらず、効率が上がります。これは恐らく仕事以外のことにも言えることで、常に、どうすれば効率的に動けるか、いかに短時間で同じ内容をこなせるか、頭と体が勝手に判断するようになるのです。

お休みの日にも同じように効率的な時間の使い方をすれば、子どもとの時間、自分のための時間を、有効に使うことができるようになるでしょう。

仕事をすることの大きな副産物とも言えるかもしれませんね。

「私本人」としての自分になる

今まであなたはなんと呼ばれていましたか？

「○○ちゃんのママ」

「○○さんの奥さん」

「○○くんのお母さん」

それはそれで、あなたのひとつの役割を表しているのであって、それを否定することはないと思います。

でもやはり、自分の名前として呼ばれることは、少し違った感覚を覚えることと思います。

自分のために服を選び、自分のためにメイクをし、自分のために時間を気にする。仕事をすることによって、誰のためでもなく、あなた本人の時間を生きている、という実感を得ることができるでしょう。

そして、仕事が終われば家族のためにあなたにもなれるのです。一度きりの人生ですが、こう考えるといろんな自分が存在して、なんだかお得な気さえしてきませんか？

お母さんは美人さん！

子どもはお母さんの外見に敏感です。

これも弊社のスタッフの話になりますが、専業主婦であまりメイクをしなかった彼女が働き始め、メイクをするようになりました。すると幼稚園に通い始めたばかりの彼女の子どもに、「ママ、びじんになったね！」と言われたと、嬉しそうに報告してくれました。

子どもに外見をほめられることは、やはり誰に言われるよりも嬉しいものです。男の子でも、女の子でも、お母さんが素敵になると素直な言葉で表現してくれます。

そんなときは、お母さんも素直に喜びましょう。

「まぁ、ありがとう！　〇〇ちゃんにほめられるとお母さんいちばん嬉しいわ！お仕事がんばって来るね。〇〇ちゃんも幼稚園でいっぱい楽しいことして来てね。あとでたくさんお話聞かせてね！」

などと話も弾むことでしょう。

人生100年時代に自分の未来に明るさを感じられる

人生100年時代というのは、すでに日本人が誰でも認識していることです。事実、平均寿命とは0歳児の余命のことで、年齢が上がれば上がるほど、その平均余命は高くなります。たとえば厚生労働省による2019年平均余命は、0歳は87・45歳（これがいわゆる「平均寿命」）ですが、40歳女性では88・11歳、50歳女性では88・49歳ということになっています。これは言うまでもなくあくまでも平均ですから、やはり人生100年というのは大げさではないということがわかります。

そう考えると、あなたの余命は今、どのくらいでしょうか。どのくらいの時間をこれから生きていかなければならないか。その時間を、少しでも楽しく、充実したものにしたいというのは、誰にでも共通の願いだと思います。

楽しく生きるには、心身ともに健康でありたいですし、何か打ち込めるものがあるといいでしょう。そしてまた、必要とされること。それは「生きがい」につながってくるでしょう。

つまりは、これからの人生を、どう生きるかはあなた次第。そのためにも、仕事をする、というのは必要不可欠だと言えるのです。仕事を通して、あなたはあなたのための時間を使い、必要とされることに頭を使い、行動し、そして成長する。

人生の残りの時間が楽しみになってくることは、間違いありません。

第７章

子どもに背中を見せるのは父親だけではない

「ママはどうしてお仕事しないの？」と言われる時代

弊社社員採用時の面接で、志望理由を聞きますと、こんな答えが返ってきたことがありました。

「子どもに、『お友達のママはみんなお仕事しているのに、ママはどうしてお仕事してないの？』と言われたのです。少し前からそろそろ仕事をしたいと思っておりましたが、そのひと言が背中を押してくれました」

私が子どもの頃は全く逆だったように思います。私の母は、父が興した会社（現在私が継いで経営している会社）で、高度成長期にフルタイム、いえ、週休1日だったあの頃の日曜さえ返上して、父をサポートしていたため、忙しい毎日を過ごしていました。私は「よそのうちのお母さんは専業主婦でずっと家にいるのに、どうして、うちのお母さんはいないのだろう？」と思ったことがあるのを覚えています。

そしていざ自分が母親として、仕事をしてみると、母親だって仕事を持って当然だ、という感覚になることは、時代が違うとは言え、不思議なものです。

では、子どもにとって、母親が仕事をするということはどんな影響があるのでしょうか。

お母さんが仕事をするのが当たり前

まずは、今の子どもにとって、お母さんが仕事をするということは、もはや多数派であるということを認識しましょう。

以前は、女性の就労率を語るうえでよく使われてきたのが「M字カーブ」というワードでした。「M字カーブ」とは、女性の就業者の割合を縦軸、年齢を横軸としてグラフ化したとき、就業率を表す曲線が、女性の結婚・出産期にあたる20歳代後半から30歳代にかけて一旦低下し、その後は育児がとりあえず落ち着く40歳代（1990年代以前は30歳代後半）以降になると、再び上昇し、グラフに描かれる曲線がアルファベットの「M」の字のように見えることから、こう呼ばれているものです。

　しかしながら、2000年代以降では、こうした就業率の落ち込みはかなり小さく（浅く）なっており、形状としては、かつてのM字からだんだんと

女性の年齢階級別労働力率の推移

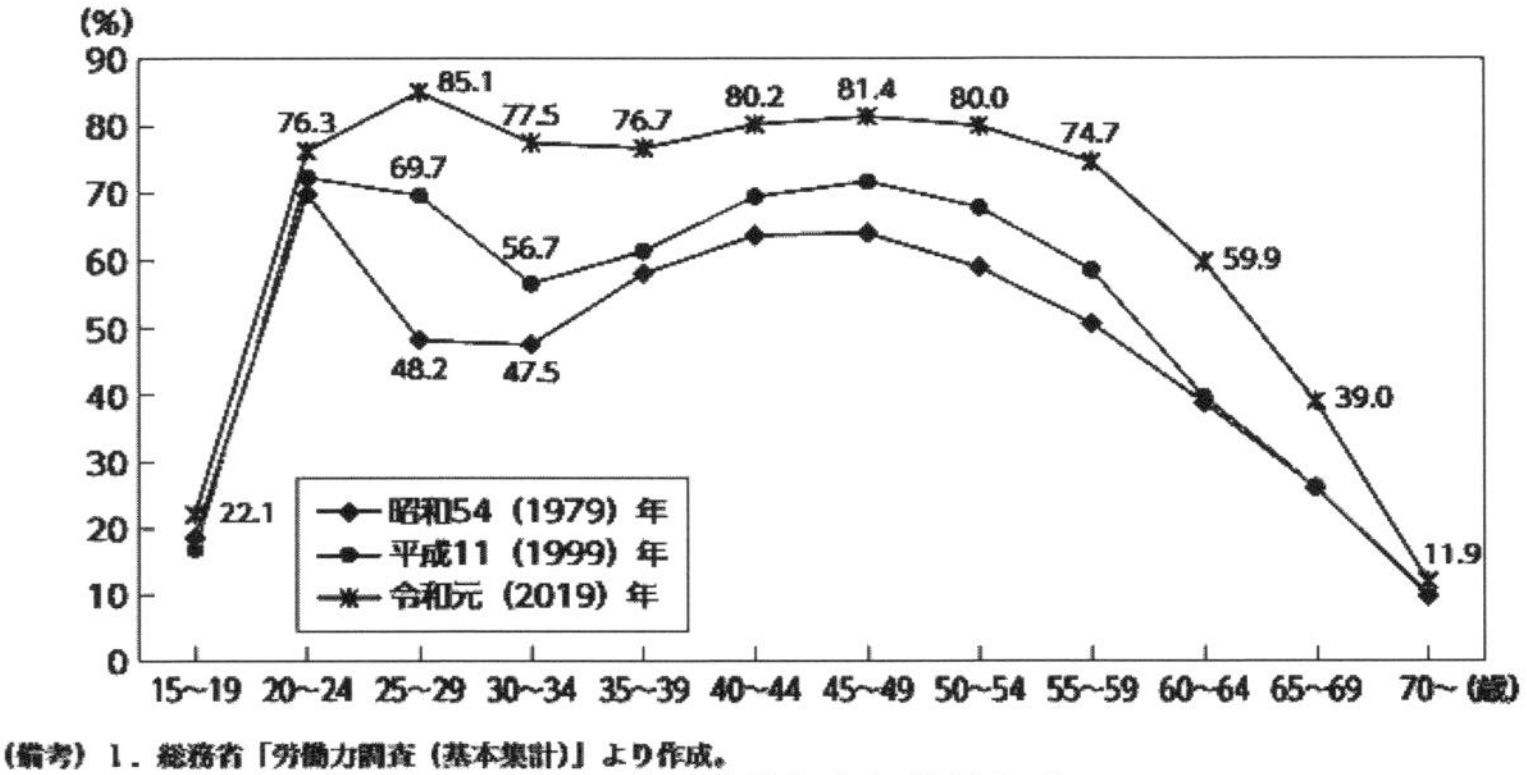

（備考）1．総務省「労働力調査（基本集計）」より作成。
　　　　2．労働力率は，「労働力人口（就業者＋完全失業者）」／「15歳以上人口」×100。

※内閣府男女共同参画局「男女共同参画白書　令和２年版」

台形に近いものに変化してきています。

つまり、どういうことかというと、子どもが生まれるといったん離職していた女性が多かった昔に対して、現在では仕事を続ける女性がとても多くなったことを表しているのです。たとえ、同じ職場ではなくても、子どもが生まれて間もなくから仕事をし始めるという選択肢を選んだ女性が増えた、ということになります。ですから、子どもの周りにいるお友達のママたちは、みんなお仕事をして当たり前。うちのママはどうして仕事をしていないのだろう？　という疑問を持つのも、至極当たり前のことなのです。

女性の適応力と忍耐力

女性は、男性よりも適応能力に優れていると思いませんか？

たとえば子どもの進学時。いち早く学校に慣れてママ友を作ってしまう人がいます。上のお子さんでもいるのかと思って聞いてみると、ひとり目の保護者だというではありませんか。このように、並外れたコミュニケーションスキルを持っている人は、確実に女性が多いように思います。女性は環境になじむのが得意な性質を持っているのです。

これは、一説では、狩猟を主な目的とし、獲物を追いかけ、食料を確保することで生存確率を高め、種の保存を図った「男性脳」に対し、子どもを産み、共同生活をうまく利用することによって、種の保存を図った「女性脳」の違いとも言われています。

いずれにしても、もちろん個人差はありますが、どちらかと言えば、新しい環境にいち早くなじむことができるのが、女性と言うこともできるでしょう。

そして、前にも書きましたが、「忍耐力」です。母親なら誰でも、子どもを持ってしばらくすると、自分自身の忍耐力に感心することがあるかと思います。

何ひとつとして思い通りにならない毎日に、ストレスを感じ、いら立ち、絶望しながらも、絶対に投げ出すわけにいかないのが育児というものなのです。

私も妊娠がわかり、日々本を読んで知識を得たり、医師に相談しながら、出産という未知のゴールに向けてワクワクしていた期間を思い出すと、実は、そのゴールの先を、具体的に思い描くことができていなかったように思います。とりわけ、切迫早産の危険もあり、とにかく無事に赤ちゃんを出産したい、という気持ちしかなく、その先のことを考える余裕がなかったのです。

そして、30時間という長いお産が終わり、快適な入院生活が終わった途端、夜も寝られず、わけもわからずに泣いている、小さな乳呑み児のために、ひたすらゆりかごマシーン、おっぱいマシーンに徹した日々を思い出します。ずっと、「もう一度この子をお腹の中に戻して、ひと晩でいいから心ゆくまで眠りたい！　そして、万全な心構えを持ってこの子を迎え直したい！」と心の中で叫んでいました。

でも、当然そんな願いが叶うわけもなく、振り回され、赤ちゃんと一緒になって泣きながら、ヨレヨレになって、なんとか日々を過ごしていたわけです。

あの忍耐力たるや、それまでの、いえ、それからも合わせて、私の人生でいちばん忍耐力を必要とした日々だったと言っても過言ではありません。

私は今でも何か辛いことがあったときに、無意識にあの経験と比べてしまうことがあります。あれに比べれば、今は夜中に起こされずに朝まで眠れるじゃないか、とか。お化粧する時間が取れるだけありがたいじゃないか、とか。

そう言えばあの頃は、お腹が痛くても、トイレにすらゆっくり入れなかったなぁ(笑)。

在宅ワークのパパと比べてみたら……

2020年からの新型コロナウイルスの影響で、私たちの生活はずいぶんと変わってきました。

マスク生活、飲食店時短営業、在宅リモートワーク……。

パパさんが在宅ワークになった家庭も多かったのではないでしょうか。

普段、朝出かけてしまうと、会社でどんな活躍をしているか、なかなか見られないものです。コーヒーを持って行くついでにちょっと覗いた、パパさんの仕事ぶり、お宅ではいかがでしょうか？

家ではボーっとしているけれど、やはり仕事中の夫はキリっとして、テキパキとしていて素敵だわ。見直しちゃった！　などと家族に対して株を上げたパパさんもいる一方、家では大きなことばかり言っているけれど、仕事となると、不必要にぺこぺこしたり、居眠りしたり、あんなことで会社で大丈夫なのかしら？　と心配されるレベルのパパさんもいるかもしれません。

もしかしたら、「あれ？　彼のやり方よりも、私がやった方がもっと効率よくできるのではないかしら」などと思いませんでしたか？

それはきっと、思い過ごしなどではありません。同じ会社に何年も在籍し、その会社のやり方にどっぷり染まっている企業社員がどれくらいいることか。新卒新入社員の頃から、その会社のやり方しか知らなければ、当然と言えるでしょう。


弊社には、小さな子どもがいる社員が多く在籍しています。彼女たちは時短勤務や週3～4日という限定的な働き方、いわゆる「時短勤務」で働いています。

その彼女たちの、集中力たるや、7時間分の業務を4時間でこなしてしまうと言っても過言ではありません。

定時に子どもを迎えに行かなければならないという、時間との勝負、それが彼女たちの能力を最大限に発揮させているのだと思います。

きっとそのことによって、彼女たちのスペックがどんどん高くなっていることは間違いないと思います。

ひと昔前までは、使いづらいと言われていた子どもを持ったママさん社員。今や企業にとって、重要な戦力になっていると言っていいと思います。

このことには、日本社会全体が気づいてきています。特に女性が多くいる職場、ママさん社員が多い職場も増えてきています。そんな職場であなたの実力を思う存分発揮してほしいと心から思うのです。

子どもと将来の夢を語り合おう！

「お母さんの将来の夢は何？」

これは私の知り合いがお子さんに実際にかけられた言葉です。

「夢を持つ」のは、子どもや若者の専売特許だと思っていませんか？　私もこのことを聞くまで、なんとなくそんなイメージを持っていました。

でも、人生１００年時代、いくつになっても「夢」を持っていいのです。いいえ、持つべきではないでしょうか。

しかも、私たち母親が子どもの頃と今とでは、価値観が全く違います。存在する職業も変わっています。

生涯学び続けること、子どもと一緒に学ぶこと、日本国内に限らないこと、お金を得るだけが仕事ではないこと。そして、女性だから、既婚者だから、母親だから、というだけで諦めなければならないことが、どんどん少なくなっているということ。今後、この傾向はもっともっと進んでいくでしょう。

お子さんと一緒に、ご家族で「夢」について語るなんて、とても素敵だと思いませんか？

お母さんが「夢」について語る。それにはやはり、仕事を持ち、社会の中で行動をしていることが大切だと思うのです。

社会に出て、家族以外の人と接すること。責任を持ち、仕事を遂行すること。それらを通じて将来自分がやってみたいこと。どのような人間になりたいのか考えること。

そんなことが、きっとあなたの日常になるでしょう。

そして、子どもと将来について大いに語り合いましょう。

「お母さんはね、将来英語を勉強して、海外で仕事がしたいと思っているのよ」

「へー、すごいね。じゃあ僕も外国で仕事をする！」

なんて会話をするようになるのです。

子どもの知らない社会のことを知っているお母さん。そんなお母さんに語る子どもの夢も、きっとどんどん大きくなり、それに向かって前向きに努力する人間になるのです。

子どもは親の姿を見て育ちます。背中を見せられるのは、今やお父さんだけではありません。お母さんの、社会人としての、凛とした姿を見せて育てようじゃありませんか。

子どもに誇れる「私の人生」を

「私の人生」ということを意識したことはありますか？

子どものためだけでなく、ましてや夫の付属品であるわけもなく、間違いなく、あなたにはあなたの人生があるのです。あなたの人生の主人公は、まぎれもなくあなたです。

子どものことを第一に考えるのが役目、そう思ってきたあなたも、それは正解です。でも、子どもの人生は子どものものです。あなたのものではありません。それはあなたの人生が、子どものものではないのと同じです。

子育ての最終目標は、子ども自身が、ひとりで正しい（と自分で信じられる）判断をし、行動できるようになることだ、と私は思っています。ときには母親であるあなたの価値観とは違う判断をするかもしれません。でもその理由を、お母さんに理解できる言葉で、きちんと説明をすることができるなら、納得はできなくても受け入れられる度量が、自分にほしいと思っています。

現時点で、私の子どもはふたりとも社会人です。彼、彼女が下した判断を受け入れられてはいます。それはたとえば受験する大学の選択であったり、就職する際の判断であったり。

あ、そう言えば、偉そうに言っていますが、こんな失敗もありました。

息子が、大学生時代に少し危険を伴う（と思ったのは親だけかもしれませんが）アルバイトをやりたいと言ってきたときに、反対意見を伝えたことがありました。結果的には息子は自分の思ったように行動しました。つまりは親の進言は無視した形になりましたが、あとから考えると、あのときの私は確かに感情的で、過保護から出た発言であったと反省する内容でした。

社会人として応援してほしかったのに、そこで、私が伝えてしまったのは「親としての心配」になってしまったのは、大いなる反省点でしたが。

子育てに正解はない、とよく言われます。

我が子が、悪い人間になってほしい親はいないでしょう。できたら、一度きりの人生を、可能性を信じて、果敢にチャレンジしていってほしい。ぜひとも色々な意味で親を超えた存在になってほしい。

親というものは、子どもに関して、とても貪欲になってしまいます。


それなら親も、精いっぱい人生を生きている姿を、子どもに見せなければならないのではないでしょうか。

母親だって、仕事を持つ。

母親だって、自分の人生を生きる。

母親だって「夢」を持つ。

それは、当然のこと。そして、子どもに向かって、万の言葉で教え諭すよりも、説得力のある家庭教育であると私は考えます。

第８章

お金を稼ぐと見えること

カネは天下のまわりもの

よく「経済を回す」と言いますよね。経済を回すとはいったいどういうことでしょうか？　私たちと、どう関係してくるのでしょうか？

ここで、お話ししたいのは、ムズカシイ経済のお話ではなく「お金」の話です。一般的に、お金をたくさん使う人が多くなって、消費活動が活発になると、企業が潤い、働く人のお給料が高くなります。すると、更にお金をたくさん使う人が増え、消費活動は活発になり、企業はより豊かになります。そして、働く人にもたくさんお給料（ボーナスなど一時金も含める）を渡すことができるようになる。すると、たくさんお給料をもらった人は、安心してそのお金を使うことができるようになります。そうして使ったお金は企業を潤し……、というのが好景気の循環パターンです。

このように、お金がたくさん動いていた方が、世の中が明るくなると言われています。

もしあなたがご主人の収入のみで生活しているとしたら、自由に使えるお金は、月にどれくらいでしょうか。そして、それを自分のことに使うとき、一瞬でも躊躇したり、後ろめたく思ったりしてしまうことはないでしょうか。

一方、自分で稼いだお金だとどうでしょう？　たとえ全額ではないとしても、使うことに誰にも遠慮することのないお金、というものが存在してくるのです。それを自分のため、子どもため、家族のために使う。

自分で世の中のお金を回している、などというと大層大袈裟なイメージですが、仕事をするということは、あなたも社会の一部として経済に参加するということになるのです。

社会に参加し、社会に貢献する！

仕事をするということは、社会に参加するということです。

もちろん、家事をすることだって、社会に参加していることにはなりますが、より直接的に、より具体的に、社会に関わることになるのが仕事をする、ということです。そして、社会の一部を担うことになったあなたは、きっと世の中を見る姿勢が、変わってくることでしょう。

たとえば、今この国で問題になっている「ジェンダー問題」や「子どもの貧困問題」に関心が高まるかもしれません。

もっと直接的なのは、「ダイバーシティ」「ガラスの天井」「アンコンシャス・バイアス」。こんな言葉を聞いたことはありませんか？　いずれも、差別問題や女性の生きづらさ、男女不平等の問題に関わるワードです。

聞いたことはあるんだけれど……という人のために、少し詳しく解説しましょう。

◇「ダイバーシティ」とは？

企業の雇用における機会の均等、多様な働き方を指す言葉です。もともとは、アメリカにおいて、マイノリティーや女性の積極的な採用、差別のない処遇を実現するために広がったもの。その概念が広がりを見せ、多様な働き方を受容する考え方として使われるようになったようです。

日本においては、人種、宗教というよりは、性別、年齢、価値観、ライフスタイル、障害の有無等の面に注目した多様性、としてとらえられている傾向があると言えましょう。

現在、人権等の本質的な観点だけでなく、将来的な少子高齢化による労働力人口の減少等に対応した人材確保の観点から「ダイバーシティ」に取り組む企業が増加してきています。

◇「ガラスの天井」とは？

資質・実績があっても女性やマイノリティーを一定の職位以上には昇進させようとしない組織内の障壁を指す言葉です。女性やマイノリティーが実績を積んで昇進の階段をのぼってゆくと、ある段階で昇進が停まってしまい、先へ進めなくなる現象を「目に見えないガラスの障壁に阻まれている」様子にたとえた表現です。

当初は企業・政府機関で働く女性に対して用いられていましたが、現在は男女を問わず、マイノリティーの地位向上を妨げる慣行に対しても、象徴的に用いられているようです。また企業だけでなく学術・スポーツの分野、政治の世界でも、指導的立場につく女性が少ないことにも、しばしばこの表現が用いられています。

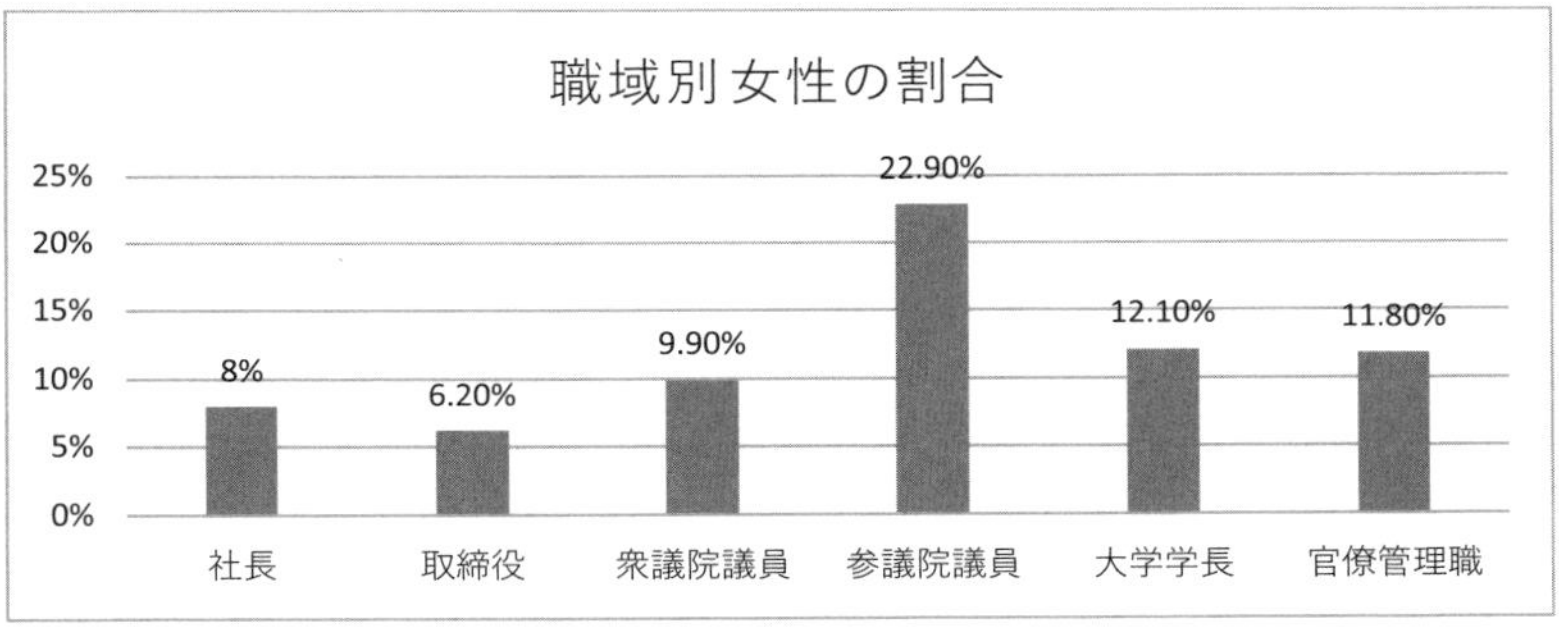

社長 /8.0%（2020 年 4 月　帝国データバンク全国 116 万社調べ）
取締役 /6.2%（2020 年 7 月　東洋経済新報社「会社四季報」）
国会議員 / 衆議院 9.9%　参議院 22.9%
（内閣府男女共同参画局　衆議院 -2020 年 6 月 17 日、参議院 -2020 年 7 月 2 日現在）
大学学長 /12.1%（2019 年度 学校基本調査）
官僚管理職 /11.8%（2019 年 7 月　内閣官房内閣人事局資料より平均を算出）

◇「アンコンシャス・バイアス」とは？

「アンコンシャス（unconscious）＝無意識」と「バイアス（bias）＝偏見」のふたつの単語から構成されるとおり、アンコンシャス・バイアスとは「無意識の偏見」「無意識の思い込み」という意味です。本人が気づいていない、偏ったものの見方やゆがんだ認知のことを指し、多くは過去の経験や周囲の意見、日々接する情報から形成されます。

たとえば、「男性はパソコンに詳しい」「女性は家庭を優先する」は典型的な例です。アンコンシャス・バイアスは、場合によっては、組織活動における意思決定にネガティブな影響を与えます。そのため、組織内でいかに無意識の偏見や先入観が作用しているかを認知させ、悪影響を取り除いていくことが人事上の課題となります。

「女性は結婚したら退職」「子どもがいるならパート勤務」という従来の考えは、現代において、企業内での男女不平等を生み出すアンコンシャス・バイアスです。

性別・年齢だけではなく、人種や言葉、文化の異なる様々な人が働く組織では、無意識の偏見が誰かを傷つける原因になります。

昨今では、偏見を受けた側の声は、SNSによってすぐに広がります。企業の経営活動において、アンコンシャス・バイアスはすでに無視できないものになりつつあります。

◇子どもの貧困について

それから、私たち母親が、今、ニュースを聞く度に心が痛くなる問題が「子どもの貧困」です。豊かなこの日本で、なんと6人にひとりの子どもが貧困に陥っているというのです。最初に聞いたときは、どこか違う国の話かと思いました。しかし、虐待などと同じで、現実にこの国で起こっている問題なのです。

これらのことを、対岸の火事のようにではなく、身近に感じ、自分でも何かできないかと真剣に向き合うようになる、それも社会に参加することのひとつではないでしょうか。

そんなことを真剣に考えている自分のお母さんを、誇りに思わない子どもがどこにいるでしょうか。

このような事柄は、もちろん誰でも、どんな立場でも関心を持つべきですが、社会に出るとより具体的に見えることがあるのではないか、と私は思うのです。

住宅ローンの繰り上げ返済は最強の財テク

子育て世代は住宅ローン世代でもあります。そもそもローンというのは借金のこと。金融機関から、家を買うため、建てるために、お金を借りることです。借りるのですから当然返さなければなりません。これを「返済」と言います。

そして、この返済を予定よりも早く返すことを「繰り上げ返済」と言います。

ローンの返済には「利子」を付けなければなりません。この「利子」は、割合こその一定というものもありますが、割合が一定でも、その残高によって「金額」は変わってくることがあります。

たとえば、1千万円借りたとして、金利が3％だとすると、最初は30万円が利子となりますが、残りが100万円になれば、その利子は3万円、ということになります。

これがどういうことかというと、少しでも早く返済すると、利子部分の負担が減り、余計なお金を払わなくて済む、つまりは、得をする、というわけなのです。

「最強の財テク」というのは、こういうわけで、ローンの繰り上げ返済をせずに他の金融商品に手を出すのはもったいない。「利子」という余計なお金を金融機関に払わないことで、損をすることなく、早く負担をなくしましょう、ということです。

住宅ローンなどのローンがあったら、繰り上げ返済することも、あなたが働いたら可能な選択肢になるのです。

子どもの教育と将来とお金

前にも述べましたが、教育はお金をかけようとすると、いくらでもかけられる、ということは、子どもを持つと実感します。

お金をよけいにかけることなく、子どもが自分の意志で立派に未来を切り拓くことができたら。それは誰が聞いても、間違いなく理想の子どもであり、そんな子どもに育てることは、理想の子育てです。そんな子どもが我が家にいたら……などと妄想を抱くことは、親なら誰にでもあるのではないでしょうか。

でも現実は、少しでも学習や受験に有利になるように、塾探しに奔走。そして我が子にいちばん合う学校を探したら私立学校で、入学金も授業料もバカにならない。ピアノが習いたい、バレエが習いたい。野球部に入ったら道具もユニフォームも揃えなくては。吹奏楽部に入ったら楽器がほしいと言い出した。塾、個別指導、家庭教師。水泳、体操教室。医学部、芸術学部、海外留学、私学、大学院。

いったい、どれくらいお金を使えば、子どもがやりたいことを十分にさせて、将来の夢に向かって心配なく進めるようにしてやれるのか。

子どもが望むことならば、できれば何でもかなえてあげたい。お金がないからと諦めさせたくない。どこで開花するかわからない子どもの才能や可能性を、つぶしたくない。

そんな思いは親として大なり小なりあることでしょう。

お母さんも応援しているよ！

お母さんが仕事を持つことで、すべてがかなえられる、というわけではないですが、子どもが、少しでも前に進む手助けができるようになるのです。

そして、お母さんが働いて得たお金で、自分の可能性を信じて、応援してくれている、と知った子どもは、より努力をするようになるでしょうし、お母さんに感謝するに違いありません。

もちろん感謝されるためだけではありませんが、「お母さんありがとう」の言葉の中身が、より濃いものになることは間違いがないでしょう。

お金がすべてではないことは百も承知ですが、仕事をして、収入を得ることによって、直接子どものためにやってあげられることが増えていく、それは事実なのです。

ママのおしゃれ、楽しみ

さて次は一転、お母さん自身のことを考えてみます。

おしゃれは好きですか?

洋服、化粧品。独身の頃は自分のお給料のほとんどを自分のおしゃれのために使っていた、という人も少なくないのではないでしょうか。季節ごと、年ごとの流行をいち早くキャッチし、話題のスイーツや雑貨をチェック。海外旅行、国内旅行。

あの頃の自分は遥か遠く。今は、そんなことより子どものこと。

その気持ちはよくわかります。

でもふと、鏡に映った自分に何かご褒美をあげたいと思ったりはしませんか？ 仕事をして、お給料が入ることによって、それがちょっとでもかなうかもしれません。

子どものことはもちろん優先順位が高く、できるだけのことはしてあげたい、と思うのは当然。でも、お母さん自身にも目を向けてあげてほしいのです。

仕事の帰りに自分の服を買ったっていいじゃないですか。試着室であれこれ迷うあの感覚。口紅の色は季節に合わせますか？

リーズナブルなものを何着か買うもよし、ここぞ、と勝負の一着を手に入れるもよし。そんなわくわくを自分にプレゼントできるのも、仕事をしているからこそというものです。

また、ちょっと小旅行に出かけたり、映画や美術館、それにお気に入りのアーティストのコンサートに行ってみるのも、夢ではなくなるのです。

最初は、ハードルが高いと思っていたこのような「私の楽しみ」も、仕事をして、「自分で稼いだお金」を手にすることによって、想像してため息をつくことしかできなかった自分から、実際に手に入れたり、体験したりできるようになるのです。

家族の笑顔もママのおかげ

お母さんが働くと、家族にどんな変化が生まれるでしょう？

家事をやる人がいなくなって大変？

いえいえ、そんなことは最初だけ。お母さんが仕事を持ち、自分に自信を持ち、キレイになって生き生きとするようになれば、不思議と家族にも笑顔が増えていきます。

夫も社会の一員としてのあなたに一目置くようになるでしょう。

経済的に余裕ができたことによって、家族で出かける外食も少しグレードアップ。優雅に過ごす時間に自然と家族の会話も弾みます。素敵な食事をしているときに、悲しい顔や怒った顔をしている人なんていないはずです。

笑顔で会話を弾ませるそのひとときも、お母さんが仕事をしたから存在するのです。

「私が仕事を始めたからって、すべてがそんなにうまくいくはずはないでしょ」

そう思ったあなた、だまされたと思って、一度仕事を始めてみましょう。もちろん最初から夢の生活が手に入るわけではありません。でも、始めなければ何も変わらないのです。

仕事を始めるも、始めないもあなた次第。変化を怖がっていては何も変わらないのです。

今の生活に少しでも不満がある人はもちろん、不満がない人も、変化していかなければならないのは同じなのです。

なぜなら、子どもは成長していきます。いつまでもお母さんのそばにいるわけではありません。あっという間に大きくなってしまいます。

子どもがあなたの元を徐々に離れていくのを、笑顔で見送ることができるように。時々戻ってきたときに、自信を持って励ますことができるように。お母さんは仕事をするべきだと、私は考えます。

お母さんが仕事を持ち、働くこと。それは子どものためであり、家族のためであり、そして、最終的には自分のためでもあるのです。

そんな幸せのループができれば、あなたの人生が輝き、子どもの人生もまた輝いてくるのです。

第９章

自分自身の未来のために

変化の激しい時代の問題解決能力が高まる

先日、ふと○○銀行は昔の何銀行と何銀行が合併したのだったかしら？　と、気になってスマホで検索。1分も経たずに、私が知りたい答えを得ることができました。

このスマホも、パソコンも、そもそもインターネットがなかった時代、このような疑問はどうやって解決していたのでしょうか？

図書館？　いや、図書館の何をどう調べたらいいのか、もはや見当もつきません。

人に聞く？　誰に？

それでもわからなかったら？

諦めていたのでしょうか。

昭和生まれの私でさえ、インターネットのない時代のことを、遥か彼方に感じてしまうのです。

ましてや、生まれる前からインターネットが存在する子どもたち。そのリテラシー（知識及び利用能力）は、実は親をはるかに超えているのに気づいていますか？

現代は第4次産業革命時代だと言われています。ここでざっと「産業革命」についておさらいしておきましょう。子どもと話をする際のネタとしても使えますよ！

第1次産業革命が起きたのは、1700年代後半から1800年代前半にかけて。イギリスで蒸気機関が開発され、モノ作りが人の手から機械へと移転していきます。

そして第2次産業革命とは、1865年から1900年にかけて、電気・石油等の資源を利用した重化学工業の技術革新が大きく進んだ時期のことを言います。

第3次産業革命はと言うと、1970年代初頭からコンピューターが経済界で台頭した時代です。工場での機械自動化が進み、より効率的に商品を大量生産することが可能になりました。また情報通信技術の普及により、生産の自動化も進んでいます。

では第４次産業革命とは何か？　これは様々なモノがＩｏＴ（Internet of Things：モノのインターネット）の概念にもとづきインターネットにつながることで、それをＡＩ（Artificial Intelligence：人工知能）が制御するようになり、工場、家庭の完全自動化が進んでいくという、新しい革命のことです。

まとめてみます。

☆第１次産業革命：18世紀末以降の水力や蒸気機関による工場の機械化
☆第２次産業革命：20世紀初頭の分業に基づく電力を用いた大量生産
☆第３次産業革命：１９７０年代初頭からの電子工学や情報技術を用いた一層のオートメーション化
☆第４次産業革命：現在！

世代間のＩＴリテラシーの格差。親も子も、気づかないうちに広がっています。

家の中に居てはずっと気がつかないままに過ごしてしまうかもしれません。

仕事をすることによって、自分のＩＴリテラシーの程度に気づき、時代のＩＴ進度を知る。それは子どもたちと生きていくうえで必要不可欠なこととなっています。

インターネット以外でも、移り変わりの激し過ぎるこの時代、次から次へと問題が押し寄せてきます。ときには親として、正解のない問いに立ち向かわなければならないことにもぶつかります。

そうしたときに、仕事で身につけた判断力、そして、情報処理能力が、必ずや役に立つでしょう。

情報は、いつでも過剰と思われるほどあふれている世の中です。情報を自身の基準で取捨選択し、そのときどきに最良の選択肢を選ぶのは、他でもなく、あなた自身なのです。

そして、そういった判断力を子どもに伝える、あるいは共有することは、子どもにもあなたにもとても大切なことだと思います。

お母さん自身の視野が広がり、知見が高まる

仕事をし始めて、社会と接点を持つようになると、自分の持っている情報がいかに偏ったものであり、しかも少なかったか、ということにショックを受けるでしょう。

受験勉強であれほど勉強したのに。学生時代、あんなにがんばって単位を取ったのに。残念ながらそれはもう通用しません。

「子どもに恥ずかしくない社会人でいたい」

と思ったら、そこが今度はお母さんの成長の始まりです。

今の時代、「生涯教育」とか「一生勉強」ということがよく言われます。子どもの教育もまだまだこれからなのに、自分の勉強なんて！と、どこか他人ごとという風に受け止めてしまっていないでしょうか。

でも、子どもが成長するのと同じように、お母さんである自分も成長できたら、

とても楽しいと思いませんか？

仕事に関係することを勉強して、さらにキャリアアップするもよし、仕事とは違う分野を知りたくなったら、全く関係ない勉強だって、したらいいと思います。

子どもはやがて親の元を巣立っていくものです。いえ、巣立っていってほしいものです。寂しいなどと言っている場合ではありません。

親は子どものためならなんだってできると思いがちですが、巣立つことを手助けすることが最大の愛情です。

そのためには、お母さん自身が成長しなければなりません。身体的成長はもう無理ですが（横に成長することはできますが、これは避けたいですよね）、知識や見識を成長させることはまだまだいくらだってできるのです。

お金をかけて学校に通ったり、何かの資格を取ったりするのも、もちろん学ぶことですが、それだけが勉強ではありません。

就職活動のときにも使ったインターネット。このいちばん身近にあって世界中どこにでもつながっている便利なツールを使えば、安価に、幅広い勉強ができる可能性が広がります。


私はちょうど10年前、ある勉強がしたくなって説明会に行きました。でも、それはとてもお金がかかるものでした。何日も考えましたが、「今」でなくてもいい、と自分の中で結論づけていったん諦めることにしました。そしてその後、子どもたちがふたりとも大学を卒業し、学費がかからなくなったタイミングで再度挑戦することにしたのです。

そんな風に、いつでも学べる、先延ばしにしてもOKなのが、大人の勉強のよいところです。

お母さんが学ぶと得られるもの

そして、学ぶことを始めると仲間ができます。

子どもを間に入れた「ママ友」ではなく、自分の友人ができるのは、何年ぶりになるでしょう。

国家資格になったキャリアコンサルタントの資格試験の勉強を始めた私に、なんと、30数年ぶりに「クラスメイト」ができました。年齢も、性別も、職業も、立場も違う20名ほどが、毎週土曜日に教室に集まって勉強をするのは、本当に楽しいものでした。

若い学生のとき、どうしてこの楽しさがわからなかったのか。もったいないことをしたと後悔をしましたが、違うのですよね。この年齢になり、自分で進んで学ぶことを決めたからこその楽しさなのだ、ということがやがてわかってきたのでした。

試験を受けて合格をもらうまでのすべてが、セットで楽しかったです。しかも一度では合格に至らず……、というおまけつきでしたが（笑）。

今は、もう一度大学に行きたいと思っています。通信制でもいいので、学びたい。記憶力も体力も若い頃には及びませんが、やる気と根気は、もしかしたら今の方が勝っているのではないかと思っています。

向上心が生まれ、ポジティブになる

仕事をして、視野が広がると、もっともっと広げたくなります。そして、物事を見る見方もポジティブになるように思うのです。

「ポジティブシンキング」という言葉を聞いたことがあるでしょうか。

物事には必ずポジティブな明るい面とネガティブな暗い面があります。人は思考の「癖」というものがあり、その癖を意識していないと、どうしても偏った見方をしてしまうのです。

たとえば、プロ野球を見ていて、

「ピッチャーが投げたボールをバッターが打ったらホームランになった」

という事実があったとします。

それを見たAさんは「あのバッターはすごいなぁ。よくホームランを打ったなぁ。上手いバッターだなぁ」と思う。ところがBさんは「なんだよ、ピッチャーがあんな球投げるからホームランを打たれちゃうんじゃないか。下手なピッチャーだなぁ」と思う。

ひいきのチームかどうかは関係なく、こういう見方考え方は「思考の癖」なのです。

仕事をしていくうえで、この「思考の癖」をポジティブにしていくと、とてもやりやすくなることがわかっています。対人関係でも、相手のよい面を見るのか、よくない面ばかりを見てしまうのか、によって関係性は全く違ってきます。

たとえば、どうしても苦手な人がいるとします。でも、完全に離れて過ごすことはできない関係である場合、どうしたらいいのでしょうか？

前にも書いたように、過去と他人は変えられない。ですから、まずはあなたが変わるしかないのです。

どのような相手でも、こちらがその人のよい面を見ようとし、実際によい面に目を向けて、それを伝える努力を怠らなければ、相手があなたを嫌いになることはありません。

たとえ最初は関係のよくない相手でも、あなたが根気強く、「相手のよい面を見るようにし、そのことで気づいたよい点を相手に伝える努力を怠らない」ことを続けていれば、少なくとも嫌われている、という実感は薄くなるはずです。

これは私の実体験でもありました。取引先で、社内でも社外の人にも煙たがられている、課長クラスの女性。仕事はできますが口がよろしくない。会えばいつも嫌みのひとつも言われますし、ニコリともしない。

そんな彼女ですが、仕事はとても早く、かつ正確です。彼女との仕事をする際は絶対の信頼感でやり取りすることができました。そのことを折に触れ、彼女に伝えるようにしてみたところ、徐々に彼女が心を開いてくれるのがわかったのです。ご家族の看病のため、長期の休業に入らなければならなくなったときも、心からの寂しさを伝えた私に、後日個人的にお手紙をいただきました。それには普段の厳しい表情の彼女からは想像もつかない、温かな感謝の言葉が綴られていました。

そんな経験を経て、私はますます「思考の癖」をポジティブにしておくことが、人間関係においてどれほど有効であるかを確信したのです。

ポジティブ思考は波及する！

また、自身のことについても同じようなことが言えます。

私の娘の話をします。

実は、私の娘は、若い子特有かと思いますが、自己肯定感が低いのです。新型コロナウイルスの影響下での就職活動を余儀なくされた1年間、彼女は自分のネガティブな思考の癖と戦い続けたと言ってもいいでしょう。彼女はそのことに私をも巻き込むことでわかりやすく戦っていました。

たとえば、就活先から気になることを言われたとき。それを言われた彼女はいったんかなり落ち込みます。それでも、わざとらしいくらいのポジティブワードを使って、私に問うてくるのです。

「お母さん、そうは言っても私はやる気があるし、こんなにこの会社のことを考えているんだから大丈夫だよね？」

それに対して、もちろん私も全力ポジティブ回答です。

「当たり前じゃない！　それでだめな会社なんて、こっちから願い下げよ！」

という具合。

就職活動が終わった彼女は、そのときのことをこう振り返っていました。

「100％本当じゃないのはわかってたけど、お母さんが真面目な顔で肯定してくれたから、自己肯定できて助かった」


自分のこともポジティブな面に目を向ける。これは他人のことよりも難しい場合もありますが、意識してトレーニングすることでポジティブな「思考の癖」を身につけることができるでしょう。

燃え尽き症候群にならないために

あなたの人生はあなただけのものです。

夫がいようが、子どもがいようが、あなたの人生は一度きりで、しかも有限。そうです、限りがあるのです。

「燃え尽き症候群」「抜け殻症候群」「空の巣症候群」

こんな言葉、聞いたことがあるでしょうか？

子どもが大学生になって親元を離れたり、就職して経済的に自立したり、結婚して家を出たりしたときに、特に女親に現れる症状、と言われます。

年齢的にも、更年期と重なったりして、無気力になったり、理由もなく悲しくなったり、ひどいときには抑うつ状態に悩む人もいると言います。

誰も、そんな状態になりたい人はいませんよね。子どもには子どもの人生がある、と頭ではわかっていても、なかなか子離れできない、というのは理屈ではないとは思います。

そこで、そうなる前に、お母さんであるあなたが、自らあなたの人生を生きる覚悟を持たなくてはなりません。

それには、自分の世界を持つこと。趣味でも習い事でもよいのですが、やはりいちばんいいのは仕事を持つことだと、私は確信しています。

趣味や習い事は、自分の意志で行うものです。自分でお金を払う、いわば「お客様」の立場ですから、やる気がなければやらなくて済んでしまいます。気力のないときに、わざわざお金を払ってどこかに行って、何かをすることができるでしょうか？

その点、仕事はお金をもらう立場。いい加減なことをしていては信頼もなくなりますから、好き勝手に変更したり休んだりできるものではありません。多少無理してもするのが仕事ではないでしょうか。必然的に、仕事のためには、否応なしに時間も気持ちも使わねばならず、そのことに没頭しなければならない状態に身を置くことができるのです。

そうこうしているうちに、時間が経ち、いつか子どもに必要とされない状態に慣れることができるのです。

子ども以外にも、あなたを必要としている人が、仕事が、そこにあるのですから。

自分の人生を生きる

仕事をするということは、自分の人生を自分の足で歩くということだと、私は思うのです。そこには、子育てとは違う楽しみ、悩み、学びがあり、社会人として、人間としての成長があります。

その入り口はあなたが手を伸ばせばすぐそこにあるのです。でも、決してあなた以外の人が連れて行ってくれるわけではありません。

まずはあなたの気持ちが、入り口をどうにか探そうとする、その方向に向かうこと。それが第一歩になるのです。

第10章

第一歩を踏み出すために

社会も家庭も、止まることなく変わり続けている

人間とは、できれば、現在の状態、現在の場所から、変化することを避けようとする生き物です。同じ環境で、同じルーティンをこなすことはとても楽です。考えずに動けばいいだけですから。

でも、未来永劫状況が変わらないということは、絶対にありません。

その最たるものが2020年からの新型コロナウイルス（COVID-19）によるパンデミックでしょう。

必ずマスクを着けること。手指を始め、あらゆるところをアルコール消毒すること。毎日検温すること。握手はしない。ハグも駄目。人と人との距離は1メートル以上あけること。お喋りしながらの食事も駄目。こんなことが常識になるとは、前の年までは本当に誰ひとり予想すらしていませんでした。

昨日、当たり前だったことが、今日は特別なことになる。このことを、誰もが身

をもって思い知った今回のパンデミック。このことに代表されるように、時間は決して止まることなく、状況は刻一刻と変化しています。

いくら現状に満足し、これがずっと続くことを望んだとしても、残念ながら、その願いは決してかなうことはありません。

まず、子どもは育っていきます。私たち大人も年齢を重ねます。誰も待ってはくれません。

それでも動けない理由は何か

仕事をしようかな？　と少しでも思ったあなたの脳内では、多くの場合、まずは「できない理由」を探してしまいます。

子どもの預け先が決まらないのではないか。夫の理解が得られないのではないか。

義両親や、実両親に反対されるのではないか。何より、子どもがかわいそうなのではないか……。

仕事をしようとした、子どもを持つ女性誰もがぶつかるであろう壁。それは高いものもあれば低いものもあり、個人、地域、子どもの年齢、あなたの年齢、などによってもその高さは様々です。

でも、壁の高さを決めるいちばんの条件は、「あなたの気持ち」です。

壁がどれだけ低くても、そこから動かなければ、決して越えることはできません。反対に、とにかく行動を起こすことによって、壁を越える方法、あるいは壁を壊す方法は見えてくるものなのです。

今の場所から見る壁は、とてつもなく高く、厚く見えるかもしれません。でも、数歩進んでみれば、突然梯子が見つかったり、壁に穴が開いていたり、などということはよくあることです。ひとりではびくともしない壁だって、何人か集まれば倒すことができるかもしれません。

とにかく大事なのは行動してみること

とにかく、動いてみましょう。悪あがきだっていいじゃないですか。「ダメ元」という言葉、私はよく使います。そう思っていればまたすぐにやり直すこともできます。あるいは、選択肢を複数準備し、片っ端から実行してみてもいいと思います。

たとえば子どもの預け先。認可保育園は、地域によっては待機児童が何十人もいるかもしれません。だったら、無認可保育園は？　幼稚園は？　最近の幼稚園は園児不足なので、延長保育と称して遅くまで預かってくれるところも増えています。

実家の両親、あるいは義両親にお世話になるという選択肢もあります。保育園の順番がくるまでだけ、あるいは幼稚園から帰った1時間だけ、というような条件でなら、喜んで預かってくれるかもしれません。

自治体によっては、保育ママさんなどの個人サポートを受けられたり、一時保育もやっているところもあるようです。ぜひ調べてみることをおすすめします。

探していると、どんどん情報が集まってきて、今まで思ってもみなかった方法が見つかることはよくあることです。

仕事を探していたら、子どもの預け先も見つかった、という話も聞きます。第2章でお話しした「マザーズハローワーク」などには、育児に関する情報がたくさんありますから、まずは問い合わせてみましょう。

電話、メール、直接行ってみる。なんでもいいのです。とにかく、とにかく行動することが大切。

手帳に「マザーズハローワークに電話する」と書いてしまいましょう。スマホのTo Do Listでもいいですね。いっそのこと、紙に書いてキッチンの壁に貼ってしまうのもいいかもしれません。

まずは自分をその気にさせる。面倒くさい、と思う気持ちをどうにか封じ込めること。自分の言うことをいちばん聞かないのは自分だったりします。でも、自分がどうしたら行動するのかいちばんわかっているのも自分です。勇気を出して、軽やかに第一歩を踏み出しましょう。

いいえ、「仕事をしようかな？」と考えたことが、すでに第一歩ですから、これは〝二歩目〟ですね。

あとは、やるべきことを、ひとつずつ

第二歩を踏み出せたあなたはもう大丈夫。

マザーズハローワークのカウンセリングの予約は取りましたか？

最寄りの保育園、または学童保育の待機児童の数は把握しましたか？

保育所併設の会社のリストもありますか？

夫へはいつ、どうやって話しますか？

やることは、次から次へとやってきます。あまり先まで考えなくてもいいのです。目先のことをひとつひとつ、丁寧に対応していきましょう。「丁寧に」というのは意外と大切で、先のことばかり考えて、焦ってしまっては、何かをやり忘れたり、どこかでもう一度やり直さなければならなくなったりするものです。

流れに任せて、丁寧に、進んでいきましょう。

子どもの目にも、それまでとは違う、目標に向かってイキイキと行動している、素敵なお母さんが映っています。お母さんが楽しそうにしていると、それは子どもに伝播します。

久しぶりに仕事をするという、ワーママ社員を採用することになったときの話です。

やる気に満ちた彼女が、入社前にこのようなメールをくれました。

「入社にあたって事前に準備すること、勉強することがあれば、教えてください」

このメールは私をとても喜ばせてくれました。でも、私はこう返しました。

「その心がけはとても嬉しく、頼もしく感じます。でも、今は、体調を整え、そしてお子さんたちに、『ママはお仕事をするのがとっても楽しみなのよ』ということを、お話してあげてください。きっと、これからお子さんたちのロールモデルとなるでしょう。女の子さんですし、きっとお母さんが楽しく働いている姿を見せるのが何よりかと思います」

と。

きっと、お子さんを持ち、ブランクをおいて仕事をする人を雇おうとする経営者、特に女性経営者は、同じように思っている人が多いと思います。

大丈夫、なんとかなります!

久しぶりに仕事をするにあたって、きっと不安がたくさんあるでしょう。心配なことも上げたらきりがないと思います。

でも、大丈夫!

きっとなんとかなるものなのです。

今までの人生を振り返ってみてください。

あなたが、今、ここで「仕事をしようかな」と考えられる状況。それがすべてです。いろんなことがありましたよね。進学、進級、友達、部活、就活、結婚、出産、育児……。

悩みもしたことでしょう。失敗もしたことでしょう。思うようにならないことも、たくさん泣いたことも、心から腹を立てたことも、一度や二度ではないはずです。

立ち直れないほど落ち込んでいたあなたも、今こうしてここにいるのです。

そう、

「大丈夫、なんとかなる！」

これは魔法の言葉です。

何かあったら、声に出して言ってみてください。何回唱えても、効力が落ちるなんてこともありません。

私自身も半世紀以上、この言葉、この思いで生きてきたと言えます。

この本が、私が、あなたの背中を、ときにはそっと、ときにはバーンと押す、そんな存在になりますように。

とにかく、行動してみてください。

あなたの味方は案外身近にいるものです。

そう、あなたのいちばんの味方は、つぶらな瞳であなたを見上げている、あなたの愛する子どもたちなのです。

おわりに

お読みくださり、誠にありがとうございました。

私たち母親が、子どもを育て、仕事をして、他の誰でもない、自分自身の人生を、一所懸命進んでいく。それは特別なことでも何でもなく、普通のことです。

普通ですけれど、やっぱり特別で、とても素敵なことです。

インターネットで検索すれば、たいていのことが解決できる世の中です。そんな中、書籍に何ができるのか。せっかく手に取ってくださった皆さんにどんなプレゼントを贈ることができるのか。

その思いを試行錯誤、あれこれ考えながら書き進めました。

子どもを育てるということは、自分も育てること。子どもが成長するのに合わせて、親も成長するものです。

それを意識するかしないか、によって、人生が変わってくると思います。

自分の人生を素敵に生きること。後悔しないように生きていくこと。それにはどうしたらいいのか。

それのヒントを少しでもこの本から得ていただけたら、と思いながら、初めての著書に挑戦しました。

新型コロナウイルス感染症の影響下、メールで励まし続けてくださった、株式会社みらいパブリッシングの編集者の皆様、何も知識がない私に、根気強くご指導くださいました、株式会社Ｊディスカヴァー代表取締役城村典子様。皆様には本当にお世話になりました。心よりお礼申し上げます。

また、協力してくれた弊社社員、派遣スタッフの皆さん。いつも支えて下さるお取引先様各位、関係者の皆様にも、この場をお借りして、改めて感謝申し上げます。

それからそれから、くじけそうになる私を「えー、諦めちゃうの⁉ そんなの全然お母さんらしくないよ！」と叱咤激励してくれ、おまけにこの本の挿絵イラストまで描いてくれた、我が娘。何も言わず、そっと見守ってくれた夫と息子にも心からありがとう。お母さんはこれからもがんばるよ！

原田諭貴子　（はらだ・ゆきこ）

青山学院大学卒。人材サービス会社代表取締役。国家資格キャリアコンサルタント。東京都豊島区男女共同参画推進会議及び女性活躍推進協議会委員。マザーカレッジ認定講師。アンガーマネジメントファシリテーター。

大手メーカー会社員を経て結婚を機に父の経営する会社へ転職。仕事をセーブして子育て優先の生活を経験した後、父の没後に社長業を継承する。仕事だけでは得られない母親としての様々な経験が、仕事にも生きることを実感。子育て世代や、介護世代女性の積極的な採用と柔軟な就労形態を取り入れる一方、子育て世代への講演を開催するなど、働く女性に優しい社会の実現に貢献すべく活動している。

ワーキングマザーで行《い》こう！

子《こ》どもが伸《の》びる、自分《じぶん》も輝《かがや》く生《い》き方《かた》のススメ

2021年8月27日　初版第1刷

著　者　原田諭貴子

発行人　松崎義行

発　行　みらいパブリッシング
〒166-0003 東京都杉並区高円寺南4-26-12 福丸ビル6階
TEL 03-5913-8611　FAX 03-5913-8011
https://miraipub.jp　MAIL info@miraipub.jp

企画協力　Jディスカヴァー

編　集　小根山友紀子

ブックデザイン　洪十六

発　売　星雲社（共同出版社・流通責任出版社）
〒112-0005 東京都文京区水道1-3-30
TEL 03-3868-3275　FAX 03-3868-6588

印刷・製本　株式会社上野印刷所

ISBN978-4-434-29315-3 C0077